はじめに

　ヨーロッパの西の果てにある、緑の大地に覆われたアイルランド島。この地に暮らし、いくつものめぐる季節を過ごしてきました。その中で目にし、触れ、感じてきた日々の営み、自然や街の情景、人々の思いを、小さな宝石を拾い上げるかのようにして集め、その一つひとつに磨きをかけて写真と言葉で紡いだのがこの本です。

　古代にこの地に渡来したケルトの民が、自然や動物の営みに合わせ定めたケルト暦に則り、1年を「インボルク」「ベルティナ」「ルーナサ」「サウィン」と4つに分けて綴りました。四季折々の花々、愛らしい動物たち、ケルトの文化や風習や暮らしのひとコマに加え、妖精のこと、ギネスやウイスキー、文学や音楽、スポーツ、実はアイルランド発祥だったの？　と驚くような豆知識も散りばめました。エッセイとしてだけでなく、「アイルランドを知る入門書」としても楽しんでいただけるかと思います。巻末インデックスには各ページのタイトルに加え、内容がわかるキーワードも記しましたので、参考にしてください。

　この本では、島の北東部を占める北アイルランドについても触れています。政治的な事情によりイギリス領となる地域ですが、同じ島にあり、文化が共通であることから、文化や風習、気候風土などを語る文脈においては、北アイルランドを含むアイルランド島全土を「アイルランド」としています。

　この本を手にするすべての方に、アイルランドの光や風、人々のあたたかな心が伝わりますように。そして、それぞれの地で綴られるみなさんの季節の物語も、同じように心豊かなものでありますように。

アイルランド島

Imbolc

インボルク

2月1日〜4月30日

早春を告げるスノードロップス　　no.001

　2月の声を聞くころ、木々の根元や庭の片隅にスノードロップスの小さな花を見つけたら、大地が春の支度をはじめたサインです。白く可憐なその姿は、名前のとおり雪のしずくのよう。雪が降り積もることのめったにないこの島に、ホンモノの雪に代わり姿をあらわしてくれたかのようです。有名な児童劇『森は生きている』※で、少女が意地悪な継母に真冬の森で探すよう命じられた「マツユキソウ」とはこの花のこと。妖精たちの魔法で森は束の間の春となり、少女は無事に花を摘むことができました。

　スノードロップスを皮切りに、黄色や紫色のクロッカス、ブルーのヤブイチゲ、小ぶりのスイセンなど早春の花が次々と咲きはじめます。アイルランドの春は歩みが遅く、三寒四温をくり返しながらゆっくりと盛りへ。それまで小さな花々が、寒空に負けじと励ましてくれます。

※1943年に発表され、日本で古くから親しまれてきた戯曲。ロシア人の児童文学作家サムイル・マルシャーク作。

インボルクと子羊の誕生

no.002

　古代アイルランドの暦では2月から春。1日に2分ずつ日が長くなり、北国の薄日が和らぎはじめる時です。2月1日はImbolc(インボルク)と呼ばれ、夏至と春分の間にあるケルト暦における歳事。古代ケルト語で「お腹の中」を意味し、大地の芽吹きや羊の赤ちゃんの誕生を示唆します。人口にほぼ匹敵する数の羊たちはこの頃から出産シーズンに入り、まだ春浅い2〜3月に「お腹の中」から小さな命を誕生させるのです。

　子羊は通常双子で産まれ、生後数週間を屋内で過ごしたあと、2月末頃から緑の牧場に姿を見せはじめます。一度に3頭以上産まれるのはまれですが、数年前に五つ子を産み全国ニュースとなったあっぱれなお母さん羊も。小さな子たちが母羊のかたわらをぴょんぴょん跳ねまわる牧場の光景は、アイルランドの春の風物詩そのもの。見ているこちらも明るく喜ばしい気持ちになるのでした。

古代のスーパーウーマン！ no.003

　2月1日のインボルクは、キリスト教の聖ブリジッドの日でもあります。火、詩、癒しなどをつかさどる古代の女神に由来するブリジッドは、アイルランド初の女子修道院を創設し、病める人や貧しい人のために生涯を捧げた「ケルトのマリア様」と呼ばれる5世紀の聖女。泥水を真水に変えたり、身に着けていたショールが大きく広がり教会建立に必要な土地を覆いつくして手に入れたりと、彼女の起こしたミラクルは数知れず。女性の地位が確立されていなかった時代に、男性と同等の働きをして認められた古代のスーパーウーマンです。近年その生涯が再注目され、女性の権利の推進・擁護のロールモデルに。ゆかりの地キルデアの泉や教会に以前にも増して人々が集い、詣でるようになりました。

春のお守り、ブリジッドの十字架　　no.004

　アイルランドの多くの家庭にひとつやふたつは見られる、イグサや麦わらで編まれた十字のオブジェ。ブリジッズ・クロス（ブリジッドの十字架）と呼ばれる、聖女ブリジッドにちなんだ家内安全のお守りです。異教の王の死に際に呼ばれたブリジッドが、床に敷かれたイグサを拾い集めて十字架を編み、王をキリスト教徒に改宗させて神の御許へ送ったとの伝説に由来します。2月1日の聖ブリジッドの日の前日に編み、古いものを燃やして新しいものに取り換えるのが習わし。戸口に掲げると福を呼びこみ、台所に置くと火事を防ぎ、車に置くと事故を避けると伝えられています。

　ケルト暦のインボルクに由来する聖ブリジッドの日は、春の訪れを祝う日でもあります。大地に生えるイグサは、土地の恵みへの感謝の表れ。健康や豊作を願い、明るい季節の到来に心はずませた古人の想いが、素朴な十字架から伝わってきます。

聖バレンタインに愛の祈りを　　no.005

　バレンタインデーで知られる愛の聖人バレンタインの聖遺物※が、ローマのほかダブリンにもあることはあまり知られていないようです。3世紀のローマの司祭だったバレンタインは、兵士の婚姻を禁じた皇帝に逆らい、愛し合う男女を秘密裏に結婚させ続けたことで処刑されました。19世紀初頭、イギリス支配のもと禁じられていたアイルランドのカトリック教会の信仰が認められたことを祝い、1835年、ローマ法皇グレゴリウス16世によりダブリンのジョン・スプラット神父にバレンタインの聖遺物が贈られました。翌年、ダブリン市内のホワイトフライア・ストリート教会に安置され、以後、知る人ぞ知る恋愛祈願のパワースポットに。現在は教会内の特別な祭壇に祀られ、毎年2月14日のバレンタインデーには愛の聖人のご加護にあずからんと、カップルも、恋人募集中の人も、多くの人が祈りを捧げに訪れます。

　ちなみに日本のバレンタインデーは女性から愛を伝えますが、こちらでは男性から。普段はシャイで愛情表現が苦手なアイルランド人男性ですが、この日ばかりはロマンチストに早変わり。真っ赤なバラの花束やハート形のチョコレートを手に、愛する人の待つ場所へいそいそと向かう微笑ましい姿が見られます。

※聖人の遺骸や遺品。

ストーリーテリングの国のあいさつ　　no.006

　この国で話される英語には、イギリスともアメリカとも異なる独自の言い回しが多く、「What's the craic？」と声をかけられて英語圏の人さえも返答に困っていることが。「craic」は「楽しいこと」を意味するアイルランド語。「How are you？」代わりのあいさつなのですが、「何か面白いことない？」と会話を促すような含みがあります。
　これに似たあいさつが「What's the story？」。直訳すると「何か物語は？」。母国語のアイルランド語の言い回しに由来する、相手にストーリー（話題）を求めるこの表現こそ、独自の文字を持たず、モノゴトを口頭で伝え、ストーリーテリング（語り）が重んじられてきたこの国らしいフレーズだと思わずにはいられません。人々がとかく話し好きで、文学活動がさかんなのも、ネタやストーリーを常に求め、提供し合うコミュニケーションが日常だからなのでしょう。

ラグビー観戦で心ひとつに   no.007

　毎年2月から3月にかけて開催されるラグビーのシックス・ネイションズ・チャンピオンシップは、欧州の強豪6か国※が総当たり戦で勝者を決める、1883年より続く歴史ある大会です。パブや球場は試合観戦で熱気に包まれ、国をあげて一喜一憂。1990年代までは最下位の常連だったアイルランドも徐々に実力を上げ、2009年以降6回の優勝を達成。北半球いち、時には世界いちにランクづけされるまでとなりました（2024年現在）。

　ラグビーのアイルランド代表はサッカーなどのほかのスポーツと異なり、イギリス領北アイルランドを含むアイルランド島でひとつのチームを形成します。試合前には国歌に代わり、ラグビー賛歌『Ireland's Call（アイルランズ コール）』を斉唱※※。政治的には分裂してもラグビーではひとつ。春浅いスタジアムに響きわたる大歓声がひときわ心にしみ入ります。

※アイルランド、イングランド、ウェールズ、スコットランド、フランス、イタリア。
※※ホームでの試合の際は、アイルランド国歌も斉唱。

ここは第2のハリウッド　　　　　no.008

　俳優育成や映画制作がさかんなこの国は、米アカデミー賞レースの常連。近年その快進撃はすさまじく、2023年には『イニシェリン島の精霊』、『コット、はじまりの夏』などで14ノミネートという記録的快挙を達成。続く2024年は、コーク出身のキリアン・マーフィーが最優秀主演男優賞を、ダブリンの製作会社による『哀れなるものたち』が4部門でオスカーを獲得しました。躍進の背景には1990年代にはじまる国の積極的な資金提供と減税措置が。才能ある俳優陣やスタッフの発掘・育成が実を結び、ロケ地に最適な変化に富む国土も国内外の制作者を魅了し続けています。20世紀を通して演劇、小説、詩などで培われてきた創造力がスクリーン上でも花開き、欧州のハリウッドならしめることに。ちなみに、ウィックロウ県に同名の村があるのはご愛敬？　と思いきや、村人によれば、こちらが米ハリウッドの地名の由来なのだそうです！

国中でパンケーキを食べる日　　　no.009

　子どもも大人も大好きなパンケーキ・チューズデー。イースターの46日前※と決められているその日は、2〜3月のいずれかの火曜日にやってきます。その翌日からイースターまでは、キリストの死を悼み、ぜいたくを避けて過ごす「レント（四旬節）」と呼ばれる期間。現代では甘いものやアルコールといった嗜好品を断つ程度ですが、昔は肉食が禁じられたそう。そのため、ほかのキリスト教国では前日に肉をたらふく食べる謝「肉」祭（カーニバル）が行われるようになりましたが、貧しかったアイルランドではささやかに謝「パンケーキ」。庶民には、残りものを混ぜ合わせて作るパンケーキがごちそうだったのです。

　かつてパンケーキの焼き方はクレープ状の薄焼きが主流でしたが、近年ではふわふわの厚焼きタイプも人気に。トッピングは砂糖とレモン汁をかけた素朴なものから、蜂蜜、バナナ、ベリー類、ベーコンを添えたものまでお好みで。

※うるう年は47日前。

春を呼ぶ聖パトリックの日パレード　　no.010

　アイルランドの春祭りともいえるのが、3月17日のセント・パトリックス・デー（聖パトリックの日）のパレード。この島にキリスト教を伝えた守護聖人の命日に各地で催されるお祝いですが、実はこの習慣はアイルランド移民の多いアメリカ発祥です。1762年のこの日、アイルランド兵がニューヨークの街を祖国の音楽に合わせて行進したのがはじまり。それ以来、貧しさ故に国外へ離散したアイルランド系の人々が国の色グリーンを身につけ、そのルーツを祝うようになりました。本国アイルランドでパレードが行われるようになったのは、経済が上向きになりだした1990年代半ば以降。ダブリンで行われるパレードにはアメリカからの参加者が多く、見事なマーチング・バンドが華やかに行進する一方で、地方の町や村は住民参加型。トラクターの行列や、とまどい気味に歩く子どもたちの姿がなんとも微笑ましく、手作り感満載の素朴なパレードに心なごみます。

Photo: Sean Lydon

妖精サイズの国花シャムロック no.011

　この国のいたるところで目にするグリーンの三つ葉のマーク。フラッグキャリアであるエアリンガスの尾翼に、推奨B&Bの看板に、ラグビーやサッカーのユニフォームに、ギフトショップに並ぶお土産品に。これはアイルランド語で「若い三つ葉」を意味するシャムロックと呼ばれる植物をかたどっており、国花にも指定されているシンボルです。5世紀にアイルランドへキリスト教を伝えた聖人パトリックが、野に生えていた三つ葉を「父と子と精霊」に見立て、ホーリートリニティ（三位一体）を説いたという故事に由来しています。春になると牧場にびっしり生えはじめるので、3月17日のセント・パトリックス・デーには、これを胸に挿して街に出るのが習わしなのですが……小指の先ほどに小さいので、束にしないと見えません。やはりここは噂どおりの妖精の国で、彼らのサイズに合わせたのかしら？　と思うほどにささやかな国花なのです。

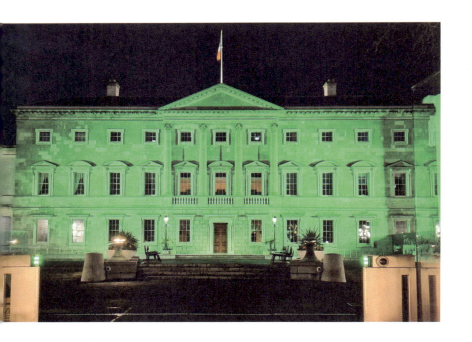

ソフト・パワーで外交を

no.012

　3月17日のセント・パトリックス・デーを含む週、この国の政府高官は、ナショナル・カラーの緑色を身にまとって世界各地へ外交に出かけます。首相の行き先は決まって米ワシントン。アメリカ大統領に面会し、国花シャムロック（P.17）の鉢植えを手渡し、かつて貧しかった時代に大量のアイルランド移民を受け入れてくれたことへの感謝の意を述べるのです。

　音楽やダンスなどのアイルランドを象徴する文化を世界へ広めた移民たちは、この国最初の外交官だったともいえましょう。軍事力や経済力といったハード・パワーに対し、文化や社会的価値観により共感や信頼を得る力をソフト・パワーといいますが、アイルランドの外交力の源はまさにそれ。NATO非加盟を貫き、軍事中立を維持しながら、人間同士のネットワークを武器に平和的に立ち回る小国が、世界に求められる役割は意外に大きいのかもしれません。

人間より牛のほうが多い島

no.013

　アイルランド島には、乳牛、肉牛合わせて約900万頭という人間より多い数の牛がいます。緑の牧場はもちろん、岩の割れ目にわずかに草が生えているだけの石灰岩地や、時には海辺や川べりなど思いがけないところにもいるので、自然の景色を撮ったつもりの写真に牛がバッチリ写り込んでしまうこともしばしば。

　牛は今でこそアイルランドが誇る食資源ですが、古代にこの島に渡来したケルトの民は、富の象徴としていました。人やモノの価値は牛の質や頭数で測られ、立派な牛をめぐって戦争になるケルト神話の一大サーガもあるほど。アイルランド語では道路のことを「牛の道」を意味する「ボハー」といいます。人や車より牛が優先されたケルトの社会さながらに、現代でも田舎道で牛たちのお通りに出くわすことがあります。そんな時はあわてず、急がず、彼らのペースに合わせてしばしお待ちくださいね。

ブレックファーストというごちそう　　no.014

　アイリッシュ・ブレックファーストとは、単なる「アイルランドの朝ごはん」にあらず。ソーセージ、ベーコン、目玉焼きやスクランブルエッグ、ブラック&ホワイトプディング※、焼きトマト……などをワンプレートにがっつりと盛りつけた、れっきとした料理です。フル・アイリッシュ、またはフライパンひとつで調理することからフライとも呼ばれ、上流階級の朝食を市民が簡素化したのがはじまり。貧しい時代が長かったこの国では、それがごちそうになりました。揚げ焼きしただけのシンプルな料理だけに、肉や卵の鮮度が決め手。北アイルランドではアルスター・フライと呼ばれ、ポテトブレッドとソーダブレッドがつくのが特徴です。旅先のホテルで朝のはじまりに、カフェでブランチに、休日に家庭で朝昼兼用の食事に、と好まれるザ・国民食。アイルランド人の元気の源といえましょう。

※豚の血や脂身、穀物で作られるソーセージ。

絶滅危機から復興した母国語　　no.015

　EU唯一の英語圏でありながら、古代ケルト人がもたらした母国語のアイルランド語が今も息づくこの国。公共の掲示や地名・交通標識は英語との2言語表記で、Garda（警察官）、Taoiseach（首相）、Dáil（国会）など他国の英語話者には聞き慣れない単語が英語に交じって日常的に使用されています。長いイギリス支配により話者が激減したものの、20世紀初頭以降、義務教育で必須科目にするなど積極的に復興を進めてきた結果、現在は国民の約40％が話せるまでに。西部の離島やへき地などに点在する、母国語を第一言語とするネイティブ・スピーカーのコミュニティはGealtachtと呼ばれ、古代より継承される言語と文化の保護区域に指定されています。世界に約3000ある絶滅危機言語の中で、アイルランド語は国をあげた努力が実り、近年、話者が増加傾向にある数少ない言語なのです。

聖金曜日にはホットクロスバンズを　　no.016

　表面がねっとり甘く、ドライフルーツが入ってスパイスのきいたホットクロスバンズという菓子パンがあります。"Hot cross buns! Hot
ホット　クロス　バンズ　ホット
cross buns! One a penny, two a penny, Hot cross buns!"のフ
クロス　バンズ　１つ　　１ペニー　2つでも　　１ペニー　ホット　クロス　バンズ
レーズではじまるマザーグーズの童謡で聞いたことがある、という人も多いことでしょう。イースターが近づくといつにも増して店頭に並ぶのは、このパンをグッドフライデー（聖金曜日）に食べる習慣があるから。グッドフライデーはキリストが十字架に磔にされた日で、パン
　　　　　　　　　　　　　　　　　　　　　　　はりつけ
の表面に小麦粉ペーストでつける十字架がその象徴。この日に焼いたものはカビが生えない、食べると病を癒す、などの言い伝えがある聖なるパンなのです。

　日本のぶどうパンにも似た味で、そのまま食べてもおいしいですが、トーストしてアイリッシュバターをたっぷりつけ、熱い紅茶といただくとおいしさ倍増です！

今では貴重な茅葺き屋根の民家　　no.017

　田舎道をドライブしていると、茅葺き屋根のチャーミングな民家に目を奪われることがあります。かつては農村地域で一般的な屋根でしたが、1930年代以降、徐々にスレートに取って代わられ、今や国内に2000軒以下という希少な存在に。現役の茅葺き職人も減少し、数えるほどしかいなくなりました。

　冬は暖かく、夏は涼しい茅葺き。一軒に5000束以上を要するという材料は、伝統的には大麦やオーツ麦のわらで、昔は牧草やヒース、いぐさを混ぜたことも。現在は外国産の葦も使用されます。断熱効果に優れ、100％天然素材で環境にやさしいので、今でこそ流行りそうなものですが、5〜20年ごとの葺き替えなどメンテナンス費用がかさむのが難点。これ以上数を減らさないため、2021年より助成金制度が導入されました。ノスタルジックな景観と貴重な職人技術が守られていくことが期待されています。

イースターの朝の甘いひととき

no.018

　アイルランド人はチョコレートが大好き。1人当たりの年間消費量は欧州第3位の8.3kg※で、2日に1枚の板チョコを平らげていることに。そんなチョコホリックぶりが際立つのが、イースター（復活祭）の頃です。「春分の日の直後にやってくる満月の次の日曜日」と定められるイースター・サンデーは、十字架に磔にされ死に至ったキリストの復活を祝う日。この日に向けて人々は、復活や豊穣のしるしである卵やうさぎの形をしたチョコレートを贈り合う習慣があるのです。イースター・サンデーの朝、「ハッピー・イースター！」のお祝いのかけ声とともにバーンと割って食べるのが習わしで、どの家庭でも甘～いひとときがくり広げられます。パンケーキ・チューズデー（P.15）を最後にぜいたくを断つレント期間が明ける日でもあり、レントを実行してチョコ断ちしていた人には、とくに至福の時。

※2023年調べ。ちなみに日本の1人当たりのチョコレート年間消費量は2.0kg。

スプリング・ラムを召し上がれ　　no.019

　クリスマスのごちそうがロースト・ターキーなら、イースターはロースト・ラム。春から初夏にかけてのやわらかな牧草と、お母さん羊のミルクで育つ臭みの少ないラム肉は、欧州きっての産地であるこの国の特産物。とくに生後3か月までのものは、スプリング・ラムとして珍重される旬のごちそうです。ラック（骨つきあばら肉）やシャンク（骨つきすね肉）にローズマリーを散らし、オーブンでほどよく調理して、お好みでグレイビーソースやミントソースを添えて召し上がれ！

　ちなみにラム肉は、生後10週間〜6か月が食べ頃とされます。そのため、食べ頃を待たずにやってくるイースター時期には肉が熟しきっておらず、うまみが足りないと言う人も。最高級とされるスプリング・ラムより、ホゲットと呼ばれる臭みや風味の強い前年出産の肉を好む人もあり、旬の肉へのこだわりは産地ならではですね。

かつてオオカミに対抗した大型犬　　no.020

　アイルランド原産の犬は9種類ありますが、もっとも知られているのがアイリッシュ・ウルフハウンドでしょう。体高70〜80cm以上、体重40〜55kg以上で、長い顔、長い脚、長いしっぽを持つ全犬種中最大の超大型犬です。オオカミに対抗できる唯一の狩猟犬として、かつては全土の農家で飼われていましたが、18世紀以降、オオカミが姿を消した（P.201）ことに伴い激減。現存するのは全世界に約1000頭のみという希少な犬種に。体は大きいけれど気性は穏やかで、ニックネームはジェントル・ジャイアント（やさしい巨人）。特別な日のお祭りパレードを先導したり、その名や姿がトレードマークとして使われたり。ケルト神話にも王の番犬や英雄の愛犬などとして登場する、小さな国の大きなシンボルです。

結局廃止されていないサマータイム　　no.021

　3月最終日曜の午前1時、時計の針が1時間進められ、日がぐんと長くなります。10月最終日曜まで続くサマータイムのはじまりです。高緯度に位置し、日の出と日の入りの時刻が夏と冬で大きく異なるこの島では、日照時間を最大限に活用することはとても重要。2019年、EUでこの制度の廃止が決議され、国ごとにサマーかウィンターいずれかの時間を選ぶという話が出たときは、どちらに合わせるべきか議論が巻き起こりました。従事する仕事がインドアかアウトドアかにより意見は分裂。島内にあるイギリス領北アイルランドと時差が生じるのも困りもの。結局、廃止決議は宙に浮いたままとなり、イギリス統治時代から100年以上続く慣習はつつがなく続いています。手動で時計を進めたり、戻したりしていた頃にしばしば起こった混乱もなく、今ではスマホが自動変更してくれるので驚くほどスムーズに。

効能は実践済み？春の薬草ネトル   no.022

　子どもの頃に親しんだアンデルセン童話に、白鳥にその姿を変えられた兄たちを救うため、手を血まみれにしてイラクサから糸を紡ぎ、シャツを作り続けたお姫様の話がありました。そのイラクサが、この国の野山に茂る紫蘇の葉にも似たネトル※であると知った時には、お姫様に深く同情したものです。目には見えない刺毛で覆われた葉は、軽く触れるだけで刺すような痛みが走るのですから。

　ネトルは古くから利用されてきた薬草で、手袋をして春先のやわらかい葉を摘み、スープやペーストにしたり、煎じて飲んだりする人も。ビタミンやミネラルが豊富で、刺毛には抗アレルギー作用のあるヒスタミンが含まれているため、花粉症や副鼻腔炎に効き目があるとも。私の知人は週に1回ネトルの茂みに腕を突っ込み、刺毛に刺されることをくり返した結果、数週間で長年の鼻炎が完治したそうです！

※nettle。和名はセイヨウイラクサ。

タイタニック号の最後の寄港地

no.023

　1912年、イギリスのサウサンプトンを出航し、ニューヨークへ向かう大西洋上で悲劇の最期を遂げた豪華客船タイタニック号。アイルランド島にはこの客船ゆかりの地が2か所あり、造船地である北アイルランドのベルファーストにはモダンな造りの立派な記念館が。かわって最後の寄港地となった南部のコーヴには目立ったモニュメントはありませんが、当時の様子が目に浮かぶような、ひなびた港町風情が漂います。1912年4月11日、沖に停泊した「世界最大の動く物体」をひと目見んと集った群衆に見送られ、123人がここから乗船。その多くが新天地を目指し3等客船に乗り込んだ移民たちでした。わずか4日後に悲劇が起こるとは知る由もなく、その足跡を最後にしるした木製の古びた桟橋は今もそのままに。事故から1世紀以上経つ今もなお、毎年4月11日前後には慰霊祭がしめやかに行われています。

どう読むの？アイルランド人の名前　no.024

　アイルランド人のファーストネームには、綴りからは予想外の発音のものがいっぱい。いずれもアイルランド語に由来する名ばかりです。

〈女性名〉
Aoife　　　　　イーファ
Aine　　　　　オーニャ
Caoimhe　　　クイーヴァ
Ciara　　　　　キーラ
Meibh/Meave　メイヴ
Niamh　　　　ニーヴ
Oonagh　　　　オーニャ
Saoirse　　　　シアーシャ
Sinead　　　　シィネード
Siobhan　　　　シュボーン

〈男性名〉
Eoin/Eoghan　　オーエン
Caelan　　　　　ケイラン
Ciaran/Kieran　　キーラン
Darragh/Dara　　ダラ
Donnacha　　　　ドナカ
Fion　　　　　　フィオン
Oisin　　　　　　オシィン
Sean　　　　　　ショーン
Tadhg　　　　　　タイグ
Rory/Ruairi　　　ローリー

八重桜の園で春の日を過ごす　　no.025

　桜の花を愛でるのは日本のみにあらず。アイルランドでも冬から春にかけて、さまざまな種類が咲き誇ります。1〜2月に見頃を迎えるのは、日本の十月桜によく似た白く小さな冬の桜。3月には葉と花を同時につける在来種のヤマザクラが咲きはじめます。圧巻は4月中旬に満開となる、濃いピンク色の八重桜。庭木や街路樹に多く見られるゴージャスな咲きっぷりのこの花は、日本発祥のカンザン（関山）という品種で、海外で好まれる日本の桜ナンバーワンなのだとか。ダブリンのアイリッシュ・ナショナル・ウォー・メモリアル・ガーデンズ（アイルランド国立戦争慰霊庭園）にこの木が一面に植えられている場所があり、花の時期には桃源郷さながらの美しさに。草の上にごろんと横になって花を見上げたり、木を背もたれにして鳥の声をBGMに読書に興じたりするのが、短い花の季節のささやかな楽しみとなっています。

世界初のハレルヤ・コーラスの地　no.026

　ダブリンは、ハレルヤ・コーラスで有名なヘンデルの『メサイア』初演の地。1742年4月13日、世界初のハレルヤを歌ったのは、街の2大教会である聖パトリック及びクライストチャーチ大聖堂の合同聖歌隊の5人の男性と26人のボーイソプラノの少年、女性ソリストでした。フィッシャンブル通りにあった音楽ホールにて、慈善公演として開催されたコンサートは大成功。定員を超える700人が集まったため、追加公演も行われたほどの盛況ぶりだったと伝えられています。毎年4月13日には、ホールがあった通りで『メサイア』の野外コンサートが開かれるのが恒例。市民によるハレルヤの大合唱が響き渡り、ダブリンの街と人々を愛し、この国の伝統音楽を好んだというヘンデルを偲ぶ人々が、狭い路地いっぱいに集います。

　ちなみに、ヘンデルがダブリン滞在中にしばしば訪れたという聖メアリー教会は、現在ザ・チャーチという名のカフェレストランに。偉大な音楽家が弾いたとされる貴重なパイプオルガンを当時のままに見ることができます。年月を経て今では音が出なくなったパイプオルガン。荘厳な雰囲気の中で食事やドリンクを楽しみながら、ヘンデルはいったいどんな音色を奏でたのだろうかと思いをめぐらせずにはいられません。

ダブリンの街はギネスとともにあり　　no.027

　パイントグラス※になみなみと注がれた黒い液体を、おいしそうにたしなむ人たち。どこのパブでも見られる日常風景ですが、その液体こそが有名な黒ビール、ギネスです。1759年、初代アーサー・ギネスが創業したギネス・ブルワリーは、世界最大の黒ビール工場として現在もダブリン市内に君臨。1日の製造量は300万パイント、その半量が国内で消費されるというから驚きです。ギネス社は労災や社内貸付制度など福利厚生の進んだ優良会社であったことでも知られ、その遺産は黒ビールのみにあらず。20世紀初頭に社宅として建てられた赤レンガのアパートは現在市営住宅に。一族が所有した屋敷や庭園は市に寄贈され、人々の憩いの場となっています。麦芽を煮詰める甘い匂いや、大麦を焙煎するスモーキーな香りが街に漂い、ギネスとともに歩んできたダブリンの街の歴史と営みを感じさせます。

※1パイントは約560ml。

ハープは右向き？左向き？

no.028

　アイルランドの国章はハープで、国章に楽器を採用している世界唯一の国。パスポートの表紙に、ユーロ硬貨の裏面に、国会議事堂など政府の建物に、ダブリン市内の橋のデザインに、とその形は日常的に目にします。中世の宮廷ではハープ奏者は欠かせない存在で、貴族並みにもてなされました。ダブリンのトリニティ・カレッジに展示されている、国章のモデルとなった14世紀のハープは驚くほど小型。現代もその楽曲が広く知られる18世紀の偉大なハープ奏者ターロ・オキャロランがその手にたずさえ、巧みに操ったのもケルティック・ハープと呼ばれるこのサイズでした。

　ちなみにビールのギネス社の社章もハープで、20世紀初頭に国家が誕生したときにはすでに商標登録済みでした。天下のギネス社に先を越された国は、左右逆向きのデザインにして事なきを得たのです。

色とりどりのドアの街ダブリン　　no.029

　18世紀のダブリンは、イギリスのジョージ王朝のもとロンドンに次ぐ第2の都市として繁栄していました。政治や社交のためにやって来たイギリス貴族たちは、エレガントな町屋敷をこぞって建設。今も残る色とりどりのドアのある屋敷群はジョージアンハウスと呼ばれ、文化財として保護されつつオフィスや住まいとして使用されています。

　地下1階地上4階建てで、上階へ行くほどに天井が低く窓が小さいのはスラリと見せるための建築上のトリック。カラフルなドアの色には、1901年にビクトリア女王が崩御した際、黒く塗って弔意を表すようお達しが出るも支配国への恨みから逆に明るく塗りかえてしまった、という都市伝説もあります。暖炉の数だけある煙突や馬車の時代を彷彿とさせる石段、凝ったドアノブやブーツの泥を落とす金具など、当時の貴族の暮らしを偲ばせるディテールも素敵な、ダブリン名物の街並みです。

春の野を黄色く染める花の群生 no.030

　かつてヨーロッパ中を旅していた頃、春先の沿岸部で決まってこの花の群生を見たものです。棘の多い低灌木に、鮮やかな黄色の花をつけるハリエニシダ（gorse）。アイルランドに暮らすようになり、こちらの野山にもいっぱいに咲き乱れることを知りました。春浅い2月頃に咲きはじめ、5月中旬から下旬に満開となって丘の斜面や牧場の畝を黄色く染め上げます。ココナッツのような甘い香りを放つ花には油分が多く含まれるので、風でこすれて山火事の原因になることも。夏の終わりにも丈の低い種類違いが、ピンク色のヒース（P.137）に混じって咲き乱れます。

　余談ですが、隣国イギリスの中世の王朝名プランタジネットは、フランス語で「ハリエニシダのひと枝」の意味。フランスから婿入りして王朝を開いたアンジュー伯ジョフロアが、春になるとこの花のひと枝を腰に差し、故郷を懐かしんだことに由来するそうです。

住民運動により誕生した国立公園　　no.031

　2024年4月22日の「アース・デー（地球の日）」に、大西洋に面する南西部ケリー県に国内最大にして初の海洋国立公園が誕生しました。約280㎢という広大な指定エリアの多くが、イルカやクジラが生息する美しい海域。1万年前の太古の地形を残すコナー・パス、島内第2の高さのブランドン山、野鳥の保護区である世界遺産のスケリッグ・マイケル島（P.75）、絶命危惧種のヒキガエルの繁殖地や淡水真珠貝の生息地など、多様な自然環境を国をあげて守るよう政府に働きかけたのは地元住民でした。私有地だったコナー・パス周辺が売りに出され、購入者による無秩序な開発を懸念した住民が署名運動を起こし、政府に土地の買収と保護を促したのです。

　郷土の自然は自らの手で守り、未来へ残していくことが使命。そんな強い意志がこの島の豊かな自然を維持しているのだと実感させられるできごとでした。

世界で唯一のケルト国家

no.032

　ケルトの国、ケルトの末裔など、まるでアイルランドの枕詞かのように言われる「ケルト」。古代ヨーロッパ大陸から、ローマ帝国の勢力に押されて西へ移動した人々で、紀元前500年頃に海を越えてアイルランド島に到達したとされています。その暮らしや文化はローマ人とは異なり、部族の長が治める共同体で暮らし、自然霊を神として崇め、文字を持たず口承で物事を語り伝えるというものでした。5世紀にキリスト教が布教されると、十字架の4点を東西南北、地水火風といった自然界の現象に見立て、太陽や宇宙を象徴する円環を組み合わせることで自然崇拝と融合。その形はケルト十字架と呼ばれ、現在も島内各地の古い教会跡地や墓石でさかんに目にすることができます。ケルトの言語と文化はローマ人の侵攻を受けなかったヨーロッパの辺境にのみ残り、中でもアイルランドは国家としてケルトを継承する世界唯一の国となりました。

国民食はテイトーのポテトチップス　　no.033

　じゃがいも大国のこの国では、おやつもやっぱりポテトチップス。こちらではクリスプスと呼ばれ、数あるメーカー中1954年創業の、potato(ポテイトー)に由来する、その名も「Tayto(テイトー)」がいちばん人気。おいもの精のようなゆるキャラ、ミスター・テイトーが描かれたパッケージが目印で、オリジナルのチーズ&オニオン、刺激的なソルト&ビネガーに代表される各種フレーバーと、パリッとフレッシュな薄切りがたまらないおいしさ。鮮度を保つため国外には輸出されず、国を離れて暮らす人が恋しがる故郷の味ナンバーワンです。小腹が空いたときやビールのおともにはもちろん、驚きの食べ方も。バターをたっぷり塗った食パンに、小袋1つ分をぎゅっとはさめばテイトー・サンドイッチのできあがり。子どもはもちろん、かつて子どもだった人たちも時々こっそりたしなむ秘密のジャンクフードです。

一日に四季ある天候がもたらすもの　　no.034

　"Four seasons in one day（一日に四季がある）"とはよくいったもので、この島の天候はめまぐるしく変化するのが常。青空が一瞬のうちに黒雲で覆われ、激しい雨が降り出したかと思えば、ものの数分で光が差し、再び太陽が。季節の変わり目には、ひょうやあられが加わることも。四季があるのは一日のうちのみならず、夏と冬が1日おきにくり返されるようなこともしばしばです。天気についての恨みつらみは人々の常套句ですが、実はまんざらでもないようで、会話のネタになれば、思いがけない晴天がとびきりの笑顔をもたらしてくれることも。ときには雨宿り中に恋が芽生えることだって、（現実にはあまりなくとも小説や歌には!?）あるのです。そんなドラマチックな天候と心持ちがこの国の人を詩人にし、すぐれた物語や音楽を生み出すのにひと役買っているのかもしれませんね。

神話の時代から馬とともに　no.035

「一日に白馬を7頭見たら、次に会った異性と結婚する」とは、かつて西部で聞いた言い伝え。この島では、それほどまでによく馬を目にします。筋肉隆々とした立派なサラブレッドから、小型で丈夫、気がやさしく乗馬向けの在来種コネマラポニーまで、さまざまな種類の馬が牧場でのびのびと草を食む姿は日常の光景です。古くから名馬の産地であり、かのナポレオンの愛馬マレンゴが西部ゴールウェイ県バリナスローの馬市で買いつけられたことは地元の誇り。現在も優秀な競走馬、種牡馬を飼育・育成し続け、その生産量はヨーロッパいち。欧州全体で産まれるサラブレッドの約半数にあたる9000頭の子馬が毎年アイルランドで誕生し、世界のトップレースを制覇し続けています。趣味として乗馬をたしなむ人も多く、決められたトレイルではなく、荒野や海辺など大自然を駆け抜けることができるのはアイルランドならではの醍醐味です。

　ケルト神話にも馬は特別な存在として語られ、魔法の湖から生まれたり、海を越えたり、霊力を備えていたりすることも。英雄クー・フーリン（P.63）の戦車を引いた愛馬が、死にかけた主人に代わり歯や蹄で敵を殺し続けるエピソードは、古くから馬が人間の戦友であり、仲間であったことを伝えています。

トールキンも愛した石灰岩地バレン　no.036

　西部の一角に、緑の大地が突如としてグレーに変わり、ここは月面？　と目を疑うような珍しい景観があります。Burrenと呼ばれる530㎢に及ぶエリアで、3億2000年前に海の底で形成された石灰岩が露出したカルスト台地です。不毛の地かのように見えますが、実は植生豊かで、熱を蓄え風雨を避ける岩のくぼみや割れ目に多種多様な山野草が。豊富に残された古代遺跡は、かつてはここに人の営みがあったことを伝えています。

　鍾乳洞も複数あり、全長16kmに及ぶ島内最長のポルナゴラム洞窟は、映画『ロード・オブ・ザ・リング』に登場する、指輪の魔力にとりつかれたゴラムの名の由来との説も。原作者であるイギリス人のJ.R.R.トールキンは、1949〜59年に複数回バレンを訪れ、独特の景観美と自然環境を称賛していました。物語の「中つ国」の描写がどこかバレンに似ているのは、そのせいかもしれませんね。

お気に入りのウェリーズを履いて　　no.037

　田舎暮らしに欠かせないウェリントン・ブーツ。略してウェリーズと呼ばれる防水のゴム長靴で、農作業をする人に限らず、雨の多いこの国では、日々のウォーキングやアウトドアの強い味方です。その昔、ワーテルローの戦いでナポレオンを破ったダブリン出身のイギリス貴族、初代ウェリントン公爵が最初に履いたことからその名がつき、英雄にあやからんと貴族たちの間で大流行したのだとか。その後、革製からゴム製となり、一般庶民に普及しました。日常履きには無地の深緑色が定番ですが、近年、野外フェスに出かける女子のファッションとして人気となり、ポップな色柄のものも多く出回るようになりました。かくいう私も3足目を履きつぶし、次なるお気に入りを探している最中です。

海水ディップで心身はつらつと no.038

　7400kmにも及ぶ海岸線を有するこの島に暮らす人たちにとって、海は身近なもの。ウォーキングや日光浴、夏の磯遊びはもちろん、海水へのディップ（dip＝つかること）も季節を問わずさかんに行われます。まるで温泉にでもつかるかのように、ぷかぷかと海に浮かぶ人たち。気持ちよさそうに見えますが、海水温は冬は7〜10度、夏でも13〜16度と低温。1〜2分つかり、休んでまたつかることをくり返すか、長くとも10分程度が目安とされています。この冷たい海水が及ぼす心身へのポジティブな影響が広く知られるようになり、近年ディップ人口が急増。シーサイドの住民の日々の社交の場としても人気に。海水温が上昇しはじめる4月以降は、オープンウォータースイミングのトレーニングをする本格派スイマーや、夏を待てない若者たちも加わり、各地の泳ぎ場はよりにぎわいを増すのでした。

自己探求の指針はワイルドの言葉　　no.039

　自分探しの旅に行き詰まると、いつも私が励まされ、共感するオスカー・ワイルドの言葉があります。「自分ではない何者かになりたい人は、それになって終わる。でも、自分自身になりたい人は、どこへ行くかわからない。どこへ流れつくのか、自分にもわからないのだ」(オスカー・ワイルド『獄中記 (De Profundis)』より) その銅像さえもニヒルなポーズを決めこむ、19世紀のダブリン出身の劇作家。美男で秀才、ロンドン社交界の華でしたが、同性愛で有罪判決を受け人生転落。自身の心の旅を、獄中で綴りました。

　人は本当にしたいことを突き詰めるほどに、行く手が見えなくなることがあります。それでも我が道を信じ、自分らしく生きようとする人ほど、可能性は未知数なのだとワイルドは言います。この言葉を胸に、情熱をもって日々歩んでいきたいものです。

巨石古墳は古代のアートギャラリー no.040

　先史時代のモニュメントに見られる、謎めいたシンボル。うずまき、同心円、ひし形、波線、ジグザグ模様など、巨石に彫られた古代のアートは、紀元前3500〜2500年頃の新石器時代の人々によるものです。ダブリンから北へ約40km、ユネスコ世界遺産のBru na Boinne（ブルー ナ ボーニャ）の巨石古墳群は、まるで古代人のアートギャラリーさながら。ナウス古墳はヨーロッパ全土に残る文様の1/3が集中していることで、ニューグレンジ古墳は美しさが際立つトライスパイラル（3つの渦巻きの結合）が見られることで、それぞれ有名です。ニューグレンジの入り口と玄室に見られる2つのトライスパイラルを直線で結ぶと、冬至の朝に玄室に差し込む太陽光（P.212）の道筋と重なるのは偶然の一致でしょうか。シンプルながら力強いこれらの文様の数々が、数千年後に花開くケルト芸術の先駆けとなったように思えてなりません。

クラダリングは愛と友情のシンボル no.041

　ハートが「愛情」、両の手が「友情」、王冠のモチーフが「忠誠心」を表すという、西部の港町ゴールウェイ発祥のクラダリング。親から譲り受けたり、婚約指輪に選んだりするなど、愛や友情のしるしに贈り合う指輪です。17世紀、ゴールウェイの隣のクラダ村に住むリチャード・ジョイスさんが、西インド諸島に向かう途中で海賊にさらわれ、北アフリカの錬金術師のもとへ。ウィリアム3世王による奴隷解放令で自由の身となって故郷へ戻り、宝飾店を開きます。お礼のしるしに王に献上したのがこの指輪だったといわれています。つけ方に地元ルールがあり、正位置にはめるとすでに心が射止められていることを示し、逆さにはめると恋人募集中のサインに。ゴールウェイの町には1750年創業という老舗のクラダリング専門店もあり、このモチーフが町のシンボルマークのごとくあちらこちらで見られます。

世界いち美しい本『ケルズの書』　no.042

　時は6〜9世紀頃。アイルランド島はケルト文化にキリスト教が融合し、学問や芸術の黄金時代を迎えていました。それを伝えるのが残された数々の彩色写本。世界でもっとも美しい本と評される『ケルズの書』もそのひとつです。印刷技術がなかった時代、書はすべて手作り。680ページの福音書は、子牛の皮をなめした紙に、鉱石や植物を顔料とする絵具を使い、羽根ペンで描かれました。文字や文様は美しくも複雑で、ときにシュールでコミカル。1200年前の人たちのすぐれた色彩感覚と豊かな発想に、ただただ驚嘆させられます。細かい文字や装飾には目のよさが求められたため、書き手は主に14〜16歳の少年修道士だったそう。オリジナルの書は現在、ダブリンのトリニティ・カレッジの展示室で見ることができます。

Photo : Ken Waters

カーバリーで家庭の味を

no.043

　この国のごちそうナンバーワンは、オーブンで調理する肉のロースト料理。伝統的には日曜日の食事で、「うちのマムのサンデー・ディナーを食べにおいで」とかつてはよく招待されたものですが、世代が代わり、今では祝祭のときだけ、という家庭が多くなったようです。友人ジェリーの今は亡きマムがしばしば食べさせてくれたサンデー・ディナーが今も忘れられません。ビーフ、ポーク、チキンなどの肉のローストに、マッシュポテト、ローストポテト、ニンジンやパースニップ（シロニンジン）、カリフラワーやケールなどの温野菜がどっさり。グレービーソースをたっぷりかけて、勧められるままにモリモリいただいたものです。そんなアイリッシュ・マムの味が恋しくなると、パブやホテルのCarvery（カーバリー）へ。ロースト肉を目の前で切ってサーブしてくれるビュッフェ形式のレストランで、アイルランドの家庭の味が楽しめます。

ブロンテ姉妹のルーツはケルト　　no.044

『ジェーン・エア』『嵐が丘』など英文学史上に燦然と輝く名作小説を生みだしたシャーロットやエミリーに代表されるブロンテ姉妹は19世紀のイギリス人作家ですが、その父パトリックはアイルランド出身。北アイルランドのダウン県モーン山脈のふもとには、育った家の跡や、教鞭を執った学校の建物などが残り、それらをめぐる約11kmのルートは「ブロンテ・ホームランド・ドライブ」と名づけられています。幼少期の姉妹は、イギリスの牧師館で父譲りのアイルランド訛りの英語を話し、アイルランドの物語を聞いて育ちました。奇しくもアイルランド人と結婚したシャーロットは、ハネムーンに訪れています。短命だった姉妹が描いた小説世界は、その静かな生涯とは対照的に、驚くほどに情熱的でドラマチック。雄弁で、豊かな感情表現を得意とするケルトの遺伝子がその筆に影響したように思えてなりません。

ダブリンの老舗、ビューリーズ　　　　no.045

　ヨーロッパの古い都市には創業数百年という古い店がよくあるものですが、貧しい時代が長かったダブリンでは1980〜90年代より続く店があったらかなりの老舗。街に唯一ともいえるうれしい例外は、一等地のグラフトン通りにある1927年創業のカフェBewley's（ビューリーズ）です。イギリスから移住したビューリー家は、1835年、中国広東省から最初の茶葉をダブリン港に荷揚げし、紅茶とコーヒー貿易で名を成した一族。数店舗あったカフェも今ではこの店のみになりましたが、ツタンカーメンの墓の発見により当時大流行したエジプト風装飾の店構えは、ダブリンっ子が誇る街のランドマークです。ハリー・クラーク（P.134）作の大窓など、店内のステンドグラスも一見の価値あり。伝統を保持しつつ、流行りのメニューも柔軟に取り入れるこのカフェの存在は、ダブリンという街を象徴するかのようです。

ギネスを飲んだらマッチョに!?　　no.046

　その昔、国が貧しかった頃、「1日1杯のギネスは身体を強くする」と信じられていた時代がありました。滋養のある飲みものとして妊娠中の女性に推奨されたり、鉄分豊富で成長を促進するとされ、ミルクと混ぜて乳幼児に飲ませたりもしていたとか。献血後のギネスの提供にいたっては、2010年まで続けられていました。おそらくこれらは、20世紀前半にギネス社がくり広げた「Guinness is good for you（ギネスは身体によい）」「Guinness for strength（ギネスを飲んでマッチョに）」といった標語を用いた販促キャンペーンのすり込みでしょう。もちろんこれらに医学的根拠はなし。鉄分にいたっては1パイントのギネスに含まれるのはほんの0.3mgで、1日あたりの必要摂取量にも及びません※。

　現在は健康上の理由から、アルコール飲料の過剰な宣伝は禁止されています。まことしやかに広められた宣伝文句は懐かしの都市伝説となり、今では色あせた看板が残るのみに。ただ、グッドニュースであるのは、ギネスはほかのビールや炭酸飲料に比べ低カロリーである※※という真実。そして、マッチョにはなれなくとも、飲めば誰もがハッピーになれることは昔も今も変わりませんね。

※鉄分の1日あたり推奨摂取量は、成人男性が7〜7.5mg、
成人女性6〜11mg（厚生労働省『日本人の食事摂取基準（2020）』）。
※※1パイントのギネスは198kcal。

足りない青空から生まれた大発見　　no.047

　光と粒子の作用によるチンダル現象を発見したジョン・ティンダル（チンダルとも）は、カーロウ県の小さな町ロックリンブリッジ出身の物理学者。「空がなぜ青いのか？」※を解き明かし、チンダルブルーとして知られる色の名にもなった人です。天候の変化の激しいこの国では青空は長続きせず、たちまちのうちに白やグレーに変わってしまいます。そんな空の下で生まれ育った人が、青空の秘密を解いたとはジョークのようにさえ聞こえますが、この地に長く暮らし、曇り空を見上げてはブルースカイを待ち望む身としては、彼の気持ちがわかるような気もします。もしもティンダルが毎日が青空の国に生まれていたなら、その青さにさえ気づくことなく、偉大な発見はなかったかもしれません。足りないもの、求めるものがあるからこそ、創造の余地が生まれるのかもしれませんね。

※大気中に浮遊している微小粒子により、波長の短い青い光が拡散するため。

Bealtaine

ベルティナ

5月1日〜7月31日

セイヨウシャクナゲの楽園へ　　　no.048

　ダブリン郊外にある貴族の城ホウス・キャッスル裏手の丘に、セイヨウシャクナゲの大木がジャングルさながらに生い茂る森があります。19世紀の貴族たちに好まれた外来種であるこの木を、屋敷の庭にいち早く植えたのがこの城の主でした。色や大きさの異なる約200種の花々が、4月中旬から6月初旬にかけて巨木を覆い尽くすかのように順次咲き乱れる様子は、まるで夢の中のワンシーンのよう[※]。
　一方で、シャクナゲは森の問題児でもあります。この木の生育に土壌がより適した島の西部では、屋敷の敷地を越え野や山に自生するようになりました。南西部ケリー県のキラーニー国立公園では、繁殖しすぎて原種の木々が脅かされる事態になっています。木の幹に薬剤を注入して枯らす作業が森林ボランティアにより常時行われているという、美しくも悪名高い木でもあるのでした。

※ケリー県キラーニーのマクロス・ハウス、ウィックロウ県のパワーズコート庭園のシャクナゲ園、キルマカーラ庭園（国立植物園）も見事。

ブラックバードは真夜中に歌う no.049

　新緑の頃になると、かわいらしい鳥のさえずりがそこここに響きわたります。鳥の合唱団いちの美声はブラックバード（クロウタドリ）で、黒いボディと黄色いくちばしのコワモテな姿とは裏腹に、まるで天使のような歌声でピュルピュール。アイルランドやイギリスでは身近な鳥で、古い童謡にしばしば登場するほか、かのサー・ポール・マッカートニーの隠れた名曲※のタイトルにも。"Blackbird singing in the dead night（ブラックバードは真夜中に歌う）"ではじまる歌には、アメリカの人種差別に端を発した公民権運動へのメッセージが。

　鳥は朝に鳴くとの常識を破り、ブラックバードは真夜中にもよく鳴きます。夜明けが早くなるこの時期、もう朝が来たと勘違いしているのかもしれません。ですが、暗闇に響く美しい歌声には明日への希望が感じられるのでした。

※『ブラックバード』。1968年リリースの2枚組アルバム『ザ・ビートルズ』収録、ポール・マッカートニーのソロ曲。

緑の大地から生まれる黄金のバター   no.050

　首都ダブリンから車で30分も走れば、家畜が豊かに草を食む緑の牧場が広がります。冬の気候がマイルドなこの島 (P.190) では牧草は冬枯れせず、家畜の年間放牧日数の長さはヨーロッパいち。アイルランドが世界に誇る伝統食材であるバターは、牛が生の草をたっぷり食べて育つおかげでカロチンが豊富に含まれ、キンポウゲの花のような鮮やかなイエローになります。国内のみならず、近隣諸国や中東、アフリカの国々の食卓にも届けられているとか。ゆでたじゃがいもも、パンやスコーンに黄色く輝くなめらかなバターを分厚く塗り重ねておいしそうに口に運ぶアイルランド人を見ると、まるでバターを食べるためにじゃがいもやパンを食べているのでは？　と思えてきます。ちなみに低温殺菌のさらりとした牛乳もおいしく、世帯当たりの消費量は週6.5L。アイルランド人の身体はまさに乳製品でできている!?

森の魔法がよみがえる時　　　　　　no.051

　5月の楽しみは、ブルーベルの花咲く森へ出かけること。群生地には魔法が宿ると伝えられるこの島土着のアイリッシュ・ブルーベルですが、外来種のスパニッシュ・ブルーベルの勢いに押され、今では一部の古い森に静かに自生するのみに。外来種にはない、目の覚めるような濃いブルーの花色と、強い香りが特徴。うつむいて咲くのは、大地の精と交信しているからでしょうか。花を鐘に見立てて鳴らすと、眠りについている妖精を呼び覚ましてしまうといわれていますので、注意してくださいね。

アイリッシュ・ブルーベルが見られる森3選〈5月前半〉
1　キリントーマス・ウッズ（Killinthomas Woods, Co. Kildare）
2　ムーア・アビー・ウッズ（Moore Abbey Woods, Monasterevin, Co. Kildare）
3　ロック・キー・フォレスト・パーク（Lough Key Forest Park, Co. Roscommon）

ルバーブは短い旬にくり返し味わう　　no.052

　ルバーブがスーパーや食材店に姿をあらわすようになると、夏がすぐそこまで来ていると感じます。ふきのような、赤みがかったセロリのようなその姿を見るだけで、さわやかな酸味が口の中いっぱいに広がる気がします。日本で知られるようになったのは比較的近年ですが、アイルランドでは春夏の定番食材として長きにわたり家庭で食されてきました。酸味とあくが強いので、砂糖を加えて加熱し、ジャムやコンポート、クランブル※やパイのフィリングにして食べるのが一般的。旬のいちごを加えると色鮮やかになり、ジンジャーを加えると大人の味にも。食物繊維やビタミンC、カリウムなどが豊富に含まれ、老化やがん予防の効能もあるとか。

　店頭に並ぶのは4〜7月頃。短い旬にくり返し味わいたい、アイルランドの夏の風物詩です。

※そぼろ状にした生地をトッピングとしてのせて焼いたお菓子。

ケルト神話の英雄クー・フーリン   no.053

　神話の里として知られるラウス県の大麦畑に忽然とたたずむ、いわくありげな立石。クロカファーモア立石と呼ばれる年代不詳のその石は、ケルト神話屈指の英雄クー・フーリンの臨終の石なのだとか。
　女戦士として名高いメイヴ女王率いる隣国との争いで活躍したクー・フーリンは、激しい戦闘の末、自らの槍に貫かれて瀕死の状態に。こぼれ落ちた内臓を洗って腹に収めると、倒れゆく姿を敵に見せまいと、身体を立石にくくりつけて死んでいったと伝えられています。勇敢な戦いぶりや誇り高き死に様は20世紀初頭のアイルランド独立運動のアイコンにもなり、人々の心を愛国心で熱くしました。「影の国」での武者修行、親友との一騎打ちといった武勇伝のみならず、色恋沙汰や怒り狂う姿など人間臭い一面も好まれ、今や海を越え、日本の漫画やゲーム作品の人気キャラクターとしても人気を博しています。

郵便ポストもグリーンなんです！

no.054

　アイルランドのナショナル・カラーは、緑の大地を象徴するグリーン。文化やスポーツ、観光、ビジネスなど、さまざまな場面で緑色が使用され、国中にグリーンがあふれています。ラグビーやサッカーの代表チームのユニフォームはもちろん、1985年にEU共通のフォーマットに切り替わるまではパスポートも緑色でしたし、街を歩けば、郵便ポストでさえ緑色であることに驚く人も多いことでしょう。ヨーロッパの他国の郵便ポストは、たいてい黄色か赤色。イギリスの支配下にあったアイルランドでも赤色でしたが、1922年、独立を機に緑色に塗り替えられました。同じ時に塗り替えたダブリンの市バスは時代とともに車体が代わり、その色も変わりましたが、緑色の郵便ポストは今も健在。全国の町や村にたたずみ、祖国の独立を勝ち取った人々の愛国心を静かに今に伝えているかのようです。

アイリッシュ・ブルーの瞳に憧れて　　no.055

　透き通るような白い肌、ブルーの瞳、栗色混じりのブロンドヘアは、アイルランド人にしばしば見られる容姿の特徴ですが、印象的なのはその瞳の青さ。肌や髪の色は時代の移住者に左右されてきましたが、瞳のブルーは1万年前から変わらぬ特徴だそう。アイルランド系住民の多いアメリカでは、「アイリッシュ・ブルー」と呼ばれるのだとか。
　肌の白さと夏になると増えるそばかすは、太陽が大好きなのに小麦色になれないアイルランド人のコンプレックス。「あなたは目も髪もダークで日に焼けることもできてうらやましいわ」と、日本では決して聞くことのなかった賞賛を何度受けたことでしょう。子どもの頃、西洋を舞台にした小説や漫画を読み、私がどんなに青い目やそばかすに憧れたか、彼女たちは知る由もないのでした。

Photo: Naoki Wada

ミツバチを町に呼び戻そう

no.056

　草を刈らず自然な状態に放置し、草花を生えるがままにしておくことが近年奨励されています。道路隅の空きスペース、ラウンドアバウト※、公園や庭の片隅、かつて花壇だった場所などが次々と草ぼうぼうに。これには訳があり、ミツバチを呼び込むための取り組みなのです。現在、全世界の野生のミツバチの3分の1が絶滅の危機に瀕しているといわれています。ミツバチが減少すると植物は受粉ができず数が減り、森林が減少して地球温暖化が加速することに。伝統的に養蜂がさかんでミツバチ・フレンドリーなこの国では今、都市部や住宅地にも蜂と共存する空間を作ろうと、国をあげての「Pollinator Plan（花粉媒体者プラン）」が進行中。ただの草むらに見える場所も、夏には素朴な花の咲く自然の花壇に早変わり。ミツバチの羽音が町の住人に牧歌的な気持ちを呼び覚ましてくれます。

※一方向に回りながら合流と分岐をくり返す円形の交差点。

イエローの大地は新参者？

no.057

　5月の初めに国外に行き、帰路の飛行機がダブリン空港に近づいた時のこと。窓から下界を見下ろすと、グリーンと茶色に交じってレモンイエローのパッチワークがまぶしく輝いて見えました。その正体は菜の花畑。近年、菜種油生産のためアイルランドに急増した新しい景観です。大麦や小麦との輪作に適した菜の花は、2000年代中頃より栽培農家が増えはじめ、2022年には作付面積が前年の2倍に上昇。エメラルド・グリーンの大地がイエローに変えられてしまうのでは？　との懸念も生まれましたが、牧草を除く耕地面積がそもそも国土の10％にも満たないこの国では杞憂に終わり、グリーンの大地のアクセントとして今や5月の風物詩に。目を楽しませてくれるほか、国産メーカーによる風味豊かな菜種油も多く出回るようになり、調理用やサラダドレッシングとして人気が高まっています。

花のエキスの健康ドリンクとは？　　　no.058

　マスカットにも似た、甘くフルーティーな香りが鼻先をくすぐります。5月中旬から6月上旬、扇のように広がる枝先に咲く、小さく白いElderflower（セイヨウニワトコ）の花。美肌やデトックスの効果があるとされ、咲きはじめの香りのいいときに花房を摘み取って自家製コーディアル※を作るのが習わしです。中くらいのボウルいっぱいの花房にレモンの皮を加え、1.5Lの熱湯を注いでひと晩おき、ごく薄いあめ色になったら布でこし、レモン2〜3個分の搾り汁と砂糖1kgを加え、とろみがつくまで火にかけたらできあがり。炭酸水などで割ると、さわやかな夏の一杯に。市販のものもありますが、多くの家庭で今なお作り続けられる昔ながらの健康ドリンクです。

※ハーブやフルーツを漬け込んで作られる甘い濃縮液。

初夏を告げるサンザシの花　　　no.059

　スイセンやハリエニシダなど春の黄色い花が終わりを告げ、木々に咲く白い花が目立つようになると、季節が春から初夏へとバトンタッチされたサインです。5月には、サンザシ（Hawthorn）、セイヨウニワトコ（Elderflower）、ナナカマド（Rowan）と、白く小さな花が密集して咲く樹木が多く、どれがどれやら混乱してしまいそうです。その中でも、牧場の生け垣に多いのが紀元前にこの島に渡来したケルトの民が神聖視したというサンザシ。この木にまつわる伝説は多く、フェアリー・ツリー（P.88）と呼ばれる神木の定番でもあります。5月下旬から6月初旬に満開になると、緑の大地に雪のように白い畝がえんえんと連なり、その光景は見事。サンザシの花つきがいいと夏の天候がよくなるともいわれ、太陽が恋しいこの国の人々の期待を背負った樹木ともいえましょう。

藤の花が咲く時に訪れたい村　no.060

　新緑を抜け、こぼれんばかりの白い花をつけたサンザシやマロニエに縁どられた田舎道を走り、たどり着いた小さな村イニシュティーグ（Inistioge）。5月のある日、南東部キルケニー県のこの村を訪ねたのは、「ウィステリア・ハウス（藤の花の家）」を見たかったから。年に一度、花の時期にのみ注目を集めるその家は、むせかえるような香りをたどった先にありました。90年代後半に植えたという苗木が巨木に成長し、図らずして名所になってしまった民家です。上品な薄紫色の花のシャワーが白壁を伝う光景は、おとぎ話のワンシーンそのもの。しばし立ちつくし、うっとりとながめ入りました。花の見頃は5月中旬から下旬、私が訪れたのは満開には少し早いタイミングでしたが、十分に見事でした。

　イニシュティーグは映画『サークル・オブ・フレンズ』（1995年／主演ミニー・ドライバー）のロケ地としても知られています。ダブリン出身のベストセラー作家、メイヴ・ビンチーの同名小説が原作。人口300人ほどの小さな村を歩けば、ビンチーが描いた50年代の青春物語がノスタルジックによみがえります。ノア川にかかる石造りの古い橋や、村の広場を囲むカラフルな家並みもフォトジェニックです。

断崖絶壁にはこと欠かない   no.061

　今から約1万年前、最後の氷河が溶け出し、氷の塊がアイルランド島を東から西へ移動しました。東部を平らに削り、内陸部では堆積物を巻き込んで起伏を生み、西部で海に落ちる時に大地を削り取ったため、大西洋岸はそそり立ったシークリフ（海食崖）だらけに。島内いちの高さを誇るのはメイヨー県のアキル・ヘッド（688m）で、ヨーロッパ第3の高さ。荒々しさナンバーワンのドニゴール県のスリーヴリーグ（601m）（写真）、崖の連なりが美しいクレア県のモハーの断崖（214m）、直角90度の崖っぷちに足がすくむゴールウェイ県アラン諸島のドゥーン・エンガス（100m）──と、サスペンスドラマのロケ地さながらの断崖絶壁が無数に点在します。大西洋に沿った全長2600kmのワイルド・アトランティック・ウェイには、この息を呑むような崖に次ぐ崖の景観が続くのです。

フィッシュアンドチップスのルーツ　　no.062

　魚料理は好まないという人が多いお国柄ですが、フィッシュアンドチップスとなると話は別。揚げた魚（フィッシュ）とフライドポテト（チップス）に、塩やビネガー、好みでタルタルソースなどをつけて、手づかみでわしわしとほおばるのが醍醐味の定番テイクアウトです。料理せずのんびりしたいときに買って帰るもよし、揚げたての熱々を港町の屋台で食べるもよし。誰もが好きな国民的一品ですが、意外なことに、最初に作って売りはじめたのは19世紀のイタリア人移民だったとか。そういわれてみれば、町のフィッシュアンドチップス店の多くが、ブルーノ、ニコ、ボルザなどイタリア人の名。彼らの大多数はイタリア南部のカサラティコという、人口1000人にも満たない村にルーツがあるといわれます。伝統食かと思いきや、移民の知恵が生んだ食の一大イノベーションだったんですね。

夏を知らせる路上のいちご売り　no.063

　路上にいちご売りを目にするようになると、本格的な夏の到来です。アイルランドのいちごの旬は6〜8月。車を寄せてひとカゴ、ときにはふたカゴ購入し、緑まぶしい田園風景を車窓に見ながらひとつ、ふたつとつまんでパクリ。その採れたての味は、この国で育った人にとって楽しい夏の思い出そのもの。クリームをかけたり、砕いたメレンゲと合わせたりするだけで、夏らしいデザートの一品にもなります。

　いちごの主な産地は、島内いち日照時間の長い南東部ウェックスフォード県とその周辺。短い夏の太陽をいっぱいに浴びて育つアイリッシュ・ストロベリーは自然の甘みと酸味がほどよく、夏の気候に恵まれるほどに甘みが増します。シーズン後半になると、いちごのほかにラズベリーやグーズベリーなどの各種ベリーの手作りジャムやコーディアル、さらには野菜や新じゃがいもなども並び、よりにぎやかに。ドライブの途中についつい車を寄せてしまうのでした。

神々にもっとも近い島

no.064

　南西部ケリー県イヴェラ半島の沖合12kmにある絶海の孤島スケリッグ諸島。海上にそそり立つ神秘的な岩島は、一度は訪れたい秘境中の秘境です。人間は上陸できない鳥の島リトル・スケリッグは、世界有数のカツオドリの生息地。高さ200mの尖った頂を冠するスケリッグ・マイケルは、かつて聖者が命がけで荒波を渡り、祈りと修行の日々を送った島。今も残る険しい石段や簡素な石小屋が、千年の時を超えて厳しい暮らしぶりを伝えています。聖者たちはなぜこの島を目指したのでしょう。古代アイルランドでは南西は死の方角。ここは黄泉の国への入り口とされ、その先は神々の領域でした。魂の再生を信じた人たちの、新たな世界へのゲートウェイだったのでしょう。

　スケリッグ・マイケルは現在5〜9月に訪問可能ですが、海の状態により上陸できないことも。今も昔も、選ばれし者だけが降り立つことのできる聖なる島なのかもしれません。

Photo: Naoki Wada

大西洋横断飛行の夜明けを偲ぶ　　no.065

　ヨーロッパの西にせり出すこの島は、航空黎明期のさまざまな歴史の舞台になりました。ゴールウェイ県クリフデン近郊のデリグムラ湿原もそのひとつで、1916年6月15日午前8時40分、ジョン・アルコックとアーサー・ブラウンの2人の飛行士が、カナダのニューファンドランドから約16時間の命がけの飛行の末に着陸した地です。上空からは緑の平原に見えた大地は、この地に多いやわらかな泥炭地（P.104）で、激しい着陸音とともに機体は損傷。幸いにして無事だった2人は、世界初の大西洋無着陸横断飛行を成し遂げた英雄として、歴史にその名を刻みました。続いて1927年、初の大西洋単独飛行を達成したチャールズ・リンドバーグが最初に見た陸地はこの島の南西部でしたし、1932年、女性初の同偉業を成したアメリア・イアハートが不時着したのも北アイルランドのデリー／ロンドンデリーでした。

ブルームズデーはカンカン帽で街へ　　no.066

　1904年6月16日木曜日、午前8時頃のダブリン。郊外サンディコーヴの海辺の塔で青年スティーヴン・ディーダラスが友人とたわいのない会話をかわす一方で、市内エクルズ通り7番地では、中年のレオポルド・ブルームが、妻のために朝食の準備と買い物へ──。ダブリンが生んだ作家ジェイムズ・ジョイスの代表作『ユリシーズ』の、主要人物2人の登場シーンです。ダブリンの地名や建物名が豊富に言及されることから、「100年前のダブリンの地図」とも言われる作品。6月16日は主人公の名にちなんでBloomsday（ブルームズデー）と呼ばれ、カンカン帽に代表される当時の衣装をまとったジョイス愛好家がダブリンに集います。朗読や劇はもちろん、物語に登場する朝食の再現や、ゆかりの地を練り歩くツアーなどさまざまなイベントでにぎわいますが、何せ難解な長編小説ですから、実際に通読した人は私も含め……かも⁉

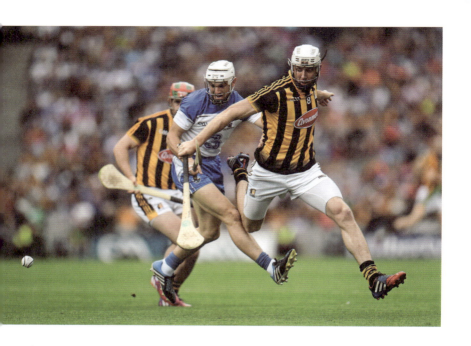

地元の誉れをかけた伝統スポーツ　　no.067

　ラグビーやサッカーの実力でも知られるアイルランドですが、もっともさかんな団体球技はこの島固有のゲーリック・ゲームズ。サッカーやバスケットボールなどを混合させたようなゲーリック・フットボール、スティックでボールを打ち合うスピード感あふれるハーリングなど、ケルト神話にも登場する古い起源を持つスポーツです。人口700万人強の島内に競技人口は子どもから大人まで実に50万人。各地のグラウンドでは日々練習や試合に励む姿が見られ、夏には32県対抗の全島トーナメントを勝ち抜いたチームが、ダブリンにある8万人収容のクロークパークで優勝杯を競います。県ごとのユニフォームに身を包んだサポーターたちが一斉に集う様子は、夏の風物詩そのもの。完全アマチュア制で、選手たちへの金銭による報酬はなし。その原動力は、故郷へ錦を飾らんとする情熱と、伝統への敬意と誇りに尽きるのでした。

Photo：SPORTSFILE

バラの育種や栽培もさかん

no.068

　「花の女王」であるバラが好き、とはあまりにわかりやすい好みと思いつつも、その魅力に抗えず、育てはじめてかれこれ十数年に。毎年5〜9月にかけ、色違い、種類違いの四季咲きバラを軒先いっぱいに咲かせるのを楽しみとしています。アイルランドの気候は元来バラ栽培に適しているようで、庭先に美しい花を咲かせている民家が実に多いほか、田舎道の垣根を這う野生の野バラも素敵。古い屋敷や公園の一角に造られた見事なバラ園も数えきれないほどです。

　育種の歴史も長く、とくに北アイルランドのベルファースト周辺は19世紀にはじまるバラ栽培のメッカとして、世界的な名花を数多く作出してきました。日本で知られる品種も多く、上皇后美智子さまの名を冠した2種のバラ、「プリンセスミチコ」「エンプレスミチコ」も、ディクソン、マクグレディーという2大育種家の手による北アイルランド発の花なのです。

パブは町のリビングルーム　　　no.069

　たとえ教会や学校のない小さな町や村にも、パブは必ずあるのが常。パブことパブリック・ハウスは、多くのアイルランド人にとって自宅以外の第2のリビングのような存在です。お酒は饒舌にしてくれる秘薬、そこへ行くのは人と集い、たわいもない会話を楽しむため。ふらりと立ち寄るもよし、家族や友人とくつろぐもよし。スポーツ観戦や音楽演奏、クイズ大会などで盛り上がることも。隣り合わせた人とも自然に言葉を交わし合う人々の社交術は、パブの店内で培われたものでしょう。その精神は、よく知られた格言に言い表されています。「There are no strangers here; Only friends you haven't yet met.（この世には他人などいない。これから出会う友がいるだけだ）」

夏の夜空はブルーに輝く　　no.070

　白夜にこそなりませんが、夏至の頃のアイルランドは夜空になる時間が短く、星が輝く間もないほどです。晴れた日は日没後もすぐには闇夜にならず、夕日の名残りがいつまでも空に。ようやく光が消えかける頃になると、まるでウルトラマリン（群青色）の絵の具で天空を塗りこめたかのような、深いブルーに空が輝き出すのです。この昼と夜、光と闇の隙間にあらわれるマジカルな夜の青空を、「ブルーモーメント」と呼ぶそうです。緯度の高いこの国ではそれが何時間にもわたって続き、闇にならないまま白々と夜が明けてしまうことも。真夏の夜の楽しいひとときは、このブルーモーメントの幻想的な空とともにあります。裏庭でのバーベキュー、海辺のキャンプ、田舎のパブからの帰り道。空も海も大地もひとつになって青く輝くとき、夜道を歩き続ければ、銀河へたどり着けそうな気がしてくるのでした。

古くて新しいサイクリングロード no.071

　経済成長に伴い交通量が増えたアイルランドの都市部では、渋滞緩和やエコ対策として自転車が奨励されるように。そのトレンドが近年、地方の景勝地でのアクティビティにも取り入れられ、廃線となった鉄道路線や、運河や河川の引き船道が次々とサイクリング専用道路に生まれ変わっています。牧草地、泥炭地、山や湖、海が見える場所、緑のトンネル……と、移り変わる多種多様な自然景観を結ぶサイクリングロードは「グリーンウェイ」と名づけられ、自然を肌で感じることのできる手軽なアクティビティの場として人気急増中。車や歩行者の邪魔にならずに、安全にサイクリングが楽しめるのも魅力です。現在全国に7か所のグリーンウェイがオープンしていますが、今後も増やしていく予定だとか。自然をながめるだけでなく、身体を使って感じたいときは、風を切って思い切りペダルをこぎに出かけます。

アラン諸島の石垣の美学　　　no.072

　ダブリンを後にして西へ向かうと、島の東西の中間点を過ぎたあたりから牧場の生け垣が石垣に変わっていきます。生け垣にする低灌木さえない、荒地と岩盤が土地の大半を占める西部。大西洋に浮かぶアラン諸島ではその様子がとりわけ顕著で、岩の割れ目に手を入れてわずかな土をすくい上げ、海藻を混ぜ込んで岩盤に敷きつめて耕地を作る、という気の遠くなるような作業がくり返されてきました。取り除いた石を手積みしただけの石垣は、19世紀の小作農制度の名残。土地の区画の細かさは、数多くの農民たちがひしめき合うように暮らしていたことを物語っています。海から吹きつける風になぎ倒されないよう、あえて隙間を空けて積むのがコツ。石の組み方にはバリエーションがあり、各自のセンスで自由に積まれました。まるで、この島の名を世界に知らしめたアランニット (P.195) の模様のように。

酪農国の絶品ソフトクリーム　　　no.073

　酪農天国であるこの国の乳製品はとびきりおいしく、ミルクやバター（P.60）は欧州きってのクオリティ。当然ソフトクリームのおいしさにも反映され、どこで食べても濃厚かつさっぱり、後引くおいしさ。老若男女問わず、みんなの大好物です。

　アイルランドの人はソフトクリームのことを「99（ナインティーナイン）コーン」と呼ぶのですが、それはキャドバリー社のチョコレートバー、99フレークをチックリ差すのがお決まりだから。キャドバリーはイギリスの会社ですが、アイルランドにも工場がある国民的チョコレート。サクッとくずれて口の中でアイスと溶け合う99フレークは、ソフトクリーム専用の非売品で、いわれてみれば小売りされていません。気候がよくなり、海辺や行楽地に99コーンを求める人の行列ができるようになると、短いアイルランドの夏もいよいよ本番です！

妖精は風とともにあらわれる　　　　no.074

　旅先から戻ったときにいつも感じるのが、アイルランドは風の島だということ。飛行機のタラップに降り立った瞬間、強い風に迎えられて、ああ帰ってきたなあと感じます。高い山も遮る木々も少ないこの島は、大西洋やバルト海からの格好の風の通り道。ときにやさしく、ときに激しく、姿を変えて吹き荒れる風は、あたかも魂を授けられた生きものかのようです。古い言い伝えによると、ゲールと呼ばれる突風や旋風は妖精の仕業なのだとか。アイルランド語に突風を意味する「sídh gaoithe（妖精の風）」というフレーズがあるように、風と妖精はしばしば同一視されてきました。文豪W.B.イェイツ（P.167）はその詩「妖精の群れ（The Hosting of the Sidhe）」で風の妖魔の伝説を詠いましたし、隣国イギリス生まれの魔法使いメアリー・ポピンズも、そういえば風に乗ってやってきましたよね。

真夏の夕べのたき火の儀式   no.075

　クリスマスを祝うようになる前のヨーロッパでは、夏至祭が最大の祝祭でした。キリスト教の普及後はSt. John's Day（聖ヨハネの日）となり、アイルランドではその前日6月23日の日没にボンファイヤー（たき火）が行われます。現在は西部のごく限られた地域にのみ残る習慣で、私は大西洋に浮かぶアラン諸島の人口900人のイニシュモア島で、この夕べを何度か経験しました。真夏の太陽が傾きはじめる夜9時、島内14村でいっせいにたき火がはじまります。人々が徐々に集い、子どもたちはマシュマロを串に刺して火にかざし、大人は缶ビール片手ににぎやかに談笑。突如として群衆から1人の女性が立ち上がると、人々の話し声がぴたりと止み、静寂の中に物悲しくも美しいアイルランド語の伝統歌唱が響き渡りました。古代へいざなうかのような歌声と燃え盛る炎の光景が、今も目に耳に焼きついています。

移民船からホワイトハウスへ

no.076

　1963年6月26日、現職の米大統領としてはじめてこの国を訪問したジョン・F・ケネディは、ダブリンの街頭で8万人の群衆に迎えられ、続く3日間の訪問中、各地で熱狂の渦を巻き起こしました。樽職人だった曽祖父がアメリカ行きの移民船に乗り込んでから115年後のできごと。移住先での差別や偏見をくつがえして成功した先祖に代わっての凱旋帰国は、祖国の人々に夢と希望を与え、辺境の小国が世界に注目されるきっかけにもなりました。現在アイルランド移民の子孫は全世界に7000万人を数え、歴代の米大統領の半数もそこに含まれます。ケネディに続き、レーガン、クリントン、オバマ、バイデンも先祖の故郷であるこの地を訪問。ちなみに19世紀末には4人に1人が移民としてこの国をあとにしましたが、豊かになった今は移民を受け入れる国となり、2017年には初の移民2世の首相も誕生しました。

ケルトの神木フェアリー・ツリー　　　no.077

　紀元前の時代にヨーロッパ大陸から渡来したケルトの民は、自然万物に神々が宿ると考える精霊信仰の持ち主でした。樹木を神聖視し、母なる大地から湧き出る水を豊穣のしるしとし、泉のかたわらに生える木をしばしば神木として崇めました。時が経ちキリスト教が布教されると、神様はひとつとするキリスト教に対し、精霊信仰は異端に。行き場を失った自然霊たちは「妖精」に姿を変え、木の精、水の精、花の精……として民間伝承の中で生き延びることになります。神木も、フェアリー・ツリー（妖精の木）と呼ばれるようになりました。

　フェアリー・ツリーの多くは初夏に白い花を咲かせるサンザシ（P.69）の木。切り倒すと災いが起こると信じられ、野原や牧場に古木がぽつんと立つ姿を今も目にします。枝にリボンを結んで願掛けすると、妖精が願いを叶えてくれるそうです！

夢見る気持ちはフェアリー・ドアに　　no.078

　古代の精霊信仰の名残から、「妖精の国」となったアイルランド。森の散策中、木の幹に小さな扉を見つけたら、それは彼らの住まいの入り口です。フェアリー・ドアと呼ばれる趣向を凝らした扉の数々は、子どもの心を大切にする仕掛け人により取りつけられたもの。南西部ケリー県デリナンの森、ウィックロウ県ラスボロウハウス(P.105)、ダブリン近郊マラハイド城など、夢いっぱいのフェアリー・ドアのあるフェアリー・トレイルが各地に作られています。眠っている妖精が目を覚まさないよう、おそるおそる扉をノックする子どもたち。手作りや市販のドアを庭木に取りつければ、自宅にも来てくれるようです。友人の子どもが小さかった頃、ドアを通って遊びに来る妖精のお友だちの話をしてくれたものです。彼女が成長するにつれドアも朽ち果て、今ではその足取りも遠のいてしまったようですが……。

大作映画のキャラクターになった鳥 no.079

　アイルランドの南西沖に浮かぶ絶海の孤島スケリッグ・マイケル（P.75）を全世界に知らしめたのは、2017年公開の映画『スター・ウォーズ／最後のジェダイ』でした。伝説のジェダイ、ルーク・スカイウォーカーが隠遁する水の惑星オク=トーはこの島が舞台。島での撮影は秘密裏に進められ、地元の人たちは、パフィン（ニシツノメドリ）のドキュメンタリー映画だと説明されていたそう。パフィンとは色鮮やかなくちばしと愛くるしい外観が特徴の海鳥で、春になると繁殖期を過ごすためにスケリッグの岩島にやってきます。ウサギの巣穴に仮暮らししながら卵を産み、ひながかえって成長する5月から7月末にかけて、約1万羽がスケリッグの岩島を埋め尽くします。8月の声を聞くと一斉に姿を消してしまいますが、カナダの東海岸などで冬を過ごし、春には再びスケリッグに戻ってきます。

　映画の撮影は、パフィンがスケリッグにいる夏に行われたのですが、どこにでも写り込んでしまうこの鳥……。困り果てた制作陣は、彼らをCGで消す代わりに新たなキャラクターに変えてしまいました。本作に登場する、ライトセーバーをくわえて逃げたり、ファルコン号に巣を作ったりしてしまういたずら好きの「鳥類ポーグ」は、スケリッグのパフィンの銀河系バージョンなのです！

海の色は無色透明！

no.080

　約9000kmの美しい海岸線に縁どられたアイルランド島。西岸の大西洋は水質汚染がほとんどなく、その透明度の高さは世界的にも賞賛されています。海の色がブルーでもグレーでもなく、本当は無色透明であることを、この島の大西洋を見てはじめて知りました。以来、海が好きな友人たちと海辺でキャンプをしたり、コテージを借りたりして過ごすのが夏の楽しみとなっています。街を離れて大自然に身をおく数日間は、命の洗濯そのもの。行くたびに秘密のビーチを発掘しては、お気に入りを増やしています。中でもメイヨー県アキル島のキーム・ビーチをはじめて訪れたときは、底まで見通せる美しい海に目を奪われました。当時はあまり知られていなかったキームですが、今や数々のトラベルサイトの「世界の美しいビーチ50選」などの常連に。訪れる人が増えても、美しい海が守られていくことを願うばかりです。

リバーダンスの源流はここダブリン   no.081

　今やアイリッシュダンスの代名詞ともなったダブリン発祥のダンスショー、リバーダンス。舞台上に横一列に並んだダンサーが、上半身を直立させたまますさまじい速さでステップを踏むパフォーマンスは、1994年、音楽祭の幕間に披露された7分間の演技からはじまりました。その後、2時間のショーとして編成。かつて貧しさゆえに川（リバー）の流れのごとく流出したこの国の人々が、移民先で伝統芸術を伝え、それが異文化と融合して大きな流れとなって世界へ——。その様子を圧倒的な音楽とダンスで表現し、これまでに日本を含む世界49か国で3000万人を熱狂させました。伝統的なケルト音楽とはひと味違う、バルカン音楽の影響を受けたエスニック・ケルトの調べも斬新。本場ダブリンでは6〜9月の3か月間、夏のエンターテインメントの目玉としてショーが開催されるのが通例です。

伝統のブラウンソーダブレッド   no.082

　昨今のアイルランドは空前のパン・ブーム。かつてこの国にはなかったデニッシュ類も充実し、発酵パンのおいしさに目覚めた人々ですが、日々好むのは昔ながらの無発酵パン。全粒粉を混ぜた素朴なブラウンソーダブレッドです。イースト菌をブレッドソーダ（重曹）で代用するのは、国産小麦がイースト菌で膨らみにくいものだったことに加え、家庭で密造酒が作られるのを防ぐために販売が制限されていたから。貧しさを象徴する田舎っぽいパンと見なされた時代もありましたが、小麦100％の白パンより消化がよく、健康的な伝統食として近年見直されています。バターを厚塗りして食べるので、本当に健康によいのか甚だ疑問ですが、パンの種類がどれだけ増えようとも長年食べ慣れた味がいちばんのようです。

街がレインボーカラーに染まる時　　no.083

　10代の子どもを持つ友人が「息子がカミングアウトしてくれたよ。話してくれてうれしかったなあ」と。家族や知人がLGBTQ＋（セクシャルマイノリティー）であると知っても気にする人が少なくなったのは、2015年、国民投票により同性婚を承認した世界初の国となったことが大きいと感じます。1993年まで同性愛は犯罪であったことを思うと、なんとリベラルな国になったことでしょう。毎年6月はLGBTQ＋への理解を深め、その権利を啓蒙するイベントやパレードが世界各地で行われるプライド月間。ダブリンをはじめ、島内の主要都市でLGBTQ＋のシンボルであるレインボーフラッグがはためき、公共施設、店や飲食店の外観、横断歩道までもレインボーカラーに。最終土曜日に行われるプライド・パレードは年々盛大になり、性の多様性を祝う数万人が笑顔で街を行進します。

じゃがいもはホクホク系が好き　　no.084

　この国の伝統的な主食はじゃがいも。マッシュポテト、ローストポテト、チップス（フライドポテト）、ゆでたいもにバターをつける、などさまざまな形でモリモリと食されます。おやつのクリスプス（ポテトチップス）も欠かせませんし、北部にはポテトブレッド、中北部にはボスティと呼ばれるポテトパンケーキもあり、愛されています。一人当たりの年間消費量は85kgと世界平均の2.5倍。じゃがいも大国と呼ぶにふさわしい堂々たる数字です。

　じゃがいもには食感がwaxyと表現されるねっとり系と、flouryといわれるホクホク系がありますが、この国の人は断然、後者が好み。その昔、アメリカへ移民したコプラーさんが改良したとびっきり「フラウリィ」なアイリッシュ・コプラーという品種は、海を渡って明治の世の日本へ。ホクホク系の代表格として知られる男爵いもになりました。

意外に素敵なじゃがいもの花　　no.085

　じゃがいも畑に白または紫色の花が咲き乱れるのは7月頃でしょうか。中南米原産のこの作物がめずらしい野菜としてヨーロッパにもたらされたのは16世紀のこと。貴族の屋敷に植えられ、はじめて見る植物にとまどった庭師は、食用部分が球根であることを知らずに葉や茎を食べてしまったとか。花も珍重され、17世紀のフランスではかのマリー・アントワネットが髪に飾って舞踏会へ出かけ、そのスタイルが上流階級の女性たちに大流行したといわれています。

　伝統的なじゃがいも大国のイメージから、この島全土がいも畑に覆われていると思われがちですが、現代では集約的に栽培されているため、畑が見られるのは主に南東部、ダブリン北部、北西部。日々の食卓を支える主食ですが、かわいらしいその花に会えるのは夏の短い期間、しかも限られた場所でのみなのでした。

長い長い夏休みの過ごし方　　　no.086

　この国の子どもたちの夏休みはうらやましいほど長く、小学生は約2か月、中高生は約3か月。隣国イギリスの約1.5か月と比べてもはるかに長く、とりわけ中高生の休みの長さはヨーロッパ諸国で最長クラス。かつての農繁休業の名残で、昔は子どもの手も借りて一家総出で泥炭を掘り、牧草を刈り、大麦を収穫したのでしょうが、その必要がなくなった現代の子どもたちの夏の過ごし方は、親にとってはしばしば悩みの種となります。休みの前半にはスポーツや文化体験のコースに参加し、後半は家族とホリデーに出かけるなどするのが一般的ですが、家庭の懐事情により格差も。14歳未満の子どもをひとりで留守番させることは奨励されないため、共働き家庭の負担も大。でも当の子どもたちは大人たちの杞憂をよそに、宿題や課題に追い立てられることなく、冒険と成長の時を謳歌しているようです。

ケルティック・トワイライト　　　no.087

　夏の海辺で、暮れない空をながめて過ごすほどぜいたくな時間(とき)はありません。真っ赤な太陽がドラマチックに海に沈む大西洋岸もいいですが、夕日を背にしたアイリッシュ海をほのかに照らす黄昏空の美しさも引けを取りません。ピンク色に染まりゆく、トワイライト（薄明）の空と海。19世紀末から20世紀初頭に活躍した国民的詩人W.B.イェイツ（P.167）は、人々が失われたアイデンティティを求めて文化の復活を目指した当時の文芸復興運動を、「ケルティック・トワイライト（ケルトの薄明）」と呼びました。ロマンチックな詩人は、束の間の薄暮の時間を理想郷に重ねたのでしょうか。そんな思いをめぐらせながら空に目をやれば、古代ケルトの民が、そして詩人が信じた魂の国が、ピンク色に輝く空にうっすら透けて見えるかのよう。暮れない夏の夕べは、人々を夢見心地にさせるのでした。

天を突く風変わりな石の塔　　　no.088

　ヨーロッパ大陸から隔たるこの島では、古代から中世初期にかけて独自の文化が栄え、12世紀頃を境に諸外国の介入を受けはじめるまでは、建造物にも独特のものが多々ありました。代表格ともいえるのが、ラウンドタワーと呼ばれる石造りの塔。最盛期には島内に120基あったとされる、高さ30m前後ですらり先細りの鉛筆形タワー。9〜12世紀頃、鐘楼として島内各地の修道院に建設されました。内部は板の間で5〜7層に仕切られ、はしごをかけて上り下りしました。入り口が地面から2mほどの高さにあるのはバイキングなど外敵の侵入を防ぐためで、攻め込まれた時にはここへ逃げ込み、籠城したといわれています。巡礼者が道に迷った時には目印としてもひと役買いました。

　年月を経て多くのタワーが損壊し、現存するのは65基のみに。上部が崩れ去った状態ものが多い中、ウィックロウ県グレンダーロック（写真）、ゴールウェイ県キルマクドク、ウォーターフォード県アードモア、ファーマナ県デヴィニッシュ島などではほぼ完全な姿のラウンドタワーを今も見ることができます。当時の人たちは、塔を高くすることで天の神様に少しでも近づけると考えたのかもしれません。真下に立ち、天をあおぐように先端を見つめながら、ふとそんな思いがよぎりました。

町の書店が元気な理由　　　　　　no.089

　町の書店が以前にも増して存在感を高めています。電子書籍の台頭で一時は厳しい状況に置かれたものの、各店がより奮起し、カフェを併設したり、読書交流会を開催したりと、人が集う場として見直されるように。この国では独立系書店の割合が高く、店主のセレクションが活きる魅力的な店が数多くあります。知識豊富なスタッフとの会話も本屋通いの楽しみのひとつ。オンラインでは得られない紙の本を手にする喜びと、本を介しての人との触れ合いが、今なお大切にされています。

〈おすすめ書店5選〉
Books Upstairs（ダブリン）―隠れカフェが上階に／Charlie Byrne's（ゴールウェイ）―10万冊の本の迷宮（写真）／Liber（スライゴ）―この地ゆかりのイェイツ推し／Dingle Bookstore（ディングル）―地元色豊かな品揃え／Books AT One（メイヨー県ルイバーグ）―本のベンチが目印

沈む夕日に思いを込めて

no.090

　ヨーロッパ最西端に位置するアイルランドに沈む夕日は、国々を照らしきった太陽のしずくをすべて集めたかのような輝き。とくに、空と海をオレンジ色に燃やして大西洋に沈みゆく時の美しさ、神々しさは筆舌に尽くしがたく、この世の天国ここにあり！　地球の営みすべてに感謝を捧げたいような気持ちになります。

　天気が変わりやすく、夏といえる時季が限られたこの地に暮らしていると、太陽のありがたみを日々かみしめずにはいられません。短い夏も、よく降る雨も、光の恵を感じるための空のいたずら。おかげで、澄んだ青空や美しい夕焼け空を目にしたときの喜びはひとしおです。予測不可能な空のドラマが思いがけずハッピーエンドに終わる時、人生何があろうともクライマックスはきっとこの夕日のごとく……と、大きな勇気と希望が胸に湧き上がってくるのでした。

ボグは歴史と炭素の宝庫　　no.091

　アイルランド語で「やわらかい」という意味の「bog」が、沼地や泥炭地を指す英単語に転じたのは、ここがヨーロッパ有数の泥炭埋蔵国だからでしょう。今でも全島の16％を占めるボグこと泥炭とは、低温多湿な気候で分解されきらず、泥状となって堆積した植物の遺骸。10cm形成されるのに100年かかるとか。昔はこれを夏に家族総出で堀り、天日で乾燥させ、冬の燃料に使いました。モノを腐らせないので、掘削中に思わぬ考古学的発見をすることも。2000年以上前の人（ボグミイラ）や、土地の精霊へ捧げたバター（ボグバター）などが国立博物館に展示されています。近年はボグに生息する動植物の希少性や、気候変動に対抗できるCO_2の巨大貯蔵庫であることが知られ、掘らずに保存されるように。かつては貧しさと結びつけられたボグですが、今や地球の未来を救うお宝として注目されているのです。

フェルメールが盗まれた大豪邸　no.092

　ダブリン近郊にある18世紀の栄華をとどめたラスボロウハウスは、絵画収集家であった大富豪アルフレッド・バイト卿が暮らした夢の邸宅。現在ナショナル・ギャラリーに展示される17世紀のオランダ画家ヨハネス・フェルメールの傑作「手紙を書く婦人と召使」も、かつてはここに飾られていましたが、多くの有名絵画とともに2度にわたり盗難の憂き目に。1974年、イギリス人の億万長者の娘ローズ・ダッグデール率いる武装組織IRAメンバーにより強奪され、8日後に回収。1986年にはダブリンの大泥棒、ザ・ジェネラルことマーティン・カヒルが盗み出し、警察の決死のおとり捜査で7年がかりで奪回されました。衝撃的な2度の事件は、いずれも映画の題材になったほど※。屋敷は一般公開され、今では強盗事件のことなど思いもよらぬ平和で穏やかな雰囲気に包まれています。

※『The General（ジェネラル　天国は血の匂い）』(1998年)、『Baltimore』(2024年)

日々の活力は朝のポリッジから　　no.093

　アイリッシュ・ブレックファースト（P.20）なる料理があるせいで、この国の人は目玉焼きやソーセージの盛り合わせを毎朝モリモリと食べているようなイメージを持たれがちですが、それは特別な朝のごちそうで、普段の朝食の定番はポリッジ。オーツ麦を牛乳や水で煮詰めた、昔ながらの簡素な麦粥です。シンプルなものですが、なかなか奥深く、アイルランド人が5人集まれば5通りの作り方、食べ方が。牛乳と水の割合がどうだとか、レンジでチンではなく鍋で煮るべしとか、オーツ麦は前夜から水に浸しておかないとダメとか、トッピングのバナナはカラメル化すべし、シナモンをかけるのは邪道……などなど。いずれにしても、オーツ麦は食物繊維が豊富で栄養満点ですから、人々の日々の活力の源はここにあり、ですね。

受け継がれる「メハル」の精神　　no.094

　金銭の授受を伴わない「助け合う仲間」を意味する「Meitheal」というアイルランド語があります。通貨を持たず、互いに職業や役割を提供し合って暮らした古代ケルトの社会に由来する言葉ですが、その精神が現代にも息づいていると感じることが多々あります。この国の人たちはわからないこと、できないことがあると気軽に周囲に声をかけ、ヘルプを求めます。頼られたほうもこれまた気軽に手を差し伸べますが、もしサポートが手に余ると、さらに声がけをしてヘルプのヘルプを求めるのです。この気負いのない自然な助け合いの輪は、2020年にはじまったパンデミック下で大きな力を発揮し、国民がひとつの「メハル」となって乗り越えた感がありました。人と人のネットワークを基盤としたヘルプ＆サポートの社会構造こそが、この国のよき伝統であり、秘めたる底力なのです。

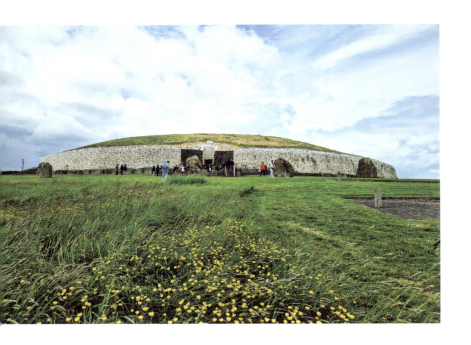

古代遺跡は妖精の棲み処

no.095

　アイルランドは古代遺跡の宝庫。先史時代の古墳だけで1200基を超え、ストーンサークル、砦、立石の類を加えるとその数は計り知れず。密集度の高さはヨーロッパいちともいわれています。なぜ多くの遺跡が残されたのでしょうか。貧しい時代が長く、開発が遅れたために破壊を免れたことに加え、迷信を信じる人が多かったことが幸いしています。古くからある石積みや塚には妖精が棲むとされ、近づくとあちらの世界に連れ去られてしまうと信じられていたのです。

　1960年代初頭、この国の古代遺跡の代表格であるニューグレンジ古墳の発掘調査がはじめられた時、妖精の領域を犯すべきではないと地元の人は反対しました。ニューグレンジのアイルランド語名は「妖精の王宮」を意味するSí an Bhrú（シー　ア　ブルー）。人々が掘り起こすことをよしとしなかった理由は、その地名からも明らかだったのです。

ヒートウェーブがやってきた！

no.096

　この島でもっとも気温が高くなるのは7月頃。とはいえ20℃に達する日は数えるほどで、もしも真夏というものがあるならば、6月、7月、時には8月はじめに予期せぬヒートウェーブ（熱波）がやってきた時でしょうか。家庭にクーラーなどの冷房装置はもちろんありませんから、突如として気温が上がると、25℃程度でも十分暑く感じるものです。老いも若きも大はしゃぎ、この時を逃してなるものかとビーチへゴー！

　近年、ヨーロッパも夏の暑さが増し、近隣諸国では30℃を超えることが日常となりつつありますが、どうやらここは地球温暖化の最後の砦のようです。北極から流れてくる冷たい海水により、温暖化の速度が緩やかなのだとか。観光庁は、諸外国からの夏の避暑客を見込んだプロモーションを検討中。さわやかな夏を過ごしたい人は、ぜひアイルランドへ。

中世の町キルケニーの「魔女の家」　　no.097

　中世の城下町の面影を残すキルケニーの町には、「魔女の家」として知られる13世紀創業の古いパブがあります。法王庁により魔術が異端とされた直後の1324年、この国で最初に魔女と見なされ有罪判決を受けた資産家の未亡人アリス・キトラーが所有したとされるキトラーズ・インがそれ。アリスは4度結婚し、そのたびに夫が謎の死をとげたことから魔術による殺害が疑われたほか、悪魔と姦通した罪などで投獄されるも、法曹界に強力なコネを働かせて脱獄。彼女の悪だくみにより女主人の服を着せられたメイドのペトロネラが身代わりとなり、火あぶりの刑に処されたと伝えられています。かわいそうなペトロネラ！　現在のキトラーズ・インでくりひろげられる魔術は、毎晩のにぎやかな音楽演奏とおいしい食事、この町発祥のエールビール、スミスウィックスによるほろ酔いのみですので、どうぞご安心を。

「汽車に乗って」あいるらんどへ　　no.098

　この島に鉄道が敷かれたのは、日本より半世紀早い19世紀前半。現在は道路事情がよくなり、車で移動するほうが速いくらいですが、時にはのんびり列車の旅もいいものです。そんなとき思わず口をついて出るのが昭和の詩人、丸山薫の「汽車に乗って」※。海を越えることが容易でなかった時代、日本の文人たちは詩や唄を通してまだ見ぬ世界へ思いを馳せました。船乗りになる夢をあきらめて文学を志した詩人が心の目で見た「あいるらんど」の情景は、100年経った今も息づいていると感じます。

汽車に乗って／あいるらんどのような田舎へ行こう／ひとびとが祭の日傘をくるくるまわし／日が照りながら雨のふる／あいるらんどのような田舎へゆこう／車窓(まど)に映った自分の顔を道づれにして／湖水をわたり　隧道(とんねる)をくぐり／珍しい少女や牛の歩いている／あいるらんどのような田舎へゆこう

※1927年（昭和2年）発表。

小人の国の迷宮さながら　　　　　　　　no.099

　南西部ディングル半島と周辺の離島にのみ見られるclochánという
ユニークな石の建造物があります。海からの外敵から身を守る要塞
として、さらには中世のキリスト教修道士の住まいとして6〜12世紀
頃に建設、使用されたとの説が有力ですが、紀元前から存在したと
唱える人もあり、正確な年代は特定されず。その形から、英語の呼び
名は蜂の巣小屋を意味するBeehive hut。モルタルを一切使用せ
ず、石をきっちり重ね合わせてドーム型に積み上げていく技術は、何
千年も前から伝えられてきた職人技です。かつては半島南部に400を
数え、小屋同士が秘密の地下道でつなげられていたと聞くと、まるで
小人の国の迷宮に迷いこんだかのような気分に。世界遺産の岩島ス
ケリッグ・マイケル（P.75）にあるものは、映画『スター・ウォーズ／最
後のジェダイ』でジェダイ神殿のモデルになりました。

アイルランド人はよく歩く　　no.100

　この国の人たちは、とかくよく歩きます。どこへでも歩いて移動することをいとわないのは、地下鉄もなく、公共交通機関が限られている上、2000年代に経済成長するまでマイカーの普及率も低かったせいでしょう。数km程度の徒歩移動はへいちゃらで、近年の健康ブームも手伝って、20〜30分かかる距離でも「ジャスト・ファイヴ・ミニッツ（ほんの5分）！」と勇ましく言い放っては歩くことを好むのです。しかもその歩みの速いことといったら。どこへ行くにも歩いて移動しようとする友人たちについて行けず「もう歩かないっ！」としばしば座りこんでいた私も、今ではすっかり鍛えられ、彼らに負けじと歩けるようになりました。混み合ったパブで長時間立ったまま、飲んでおしゃべりに興じることができる彼らの体幹の強さも、こうした日頃のウォーキングのたまものなのかもしれないなあ、などと思うのでした。

街の魂となった伝説のロッカー　　no.101

　1970年代、ダブリンのライヴハウスで彼らを見て熱狂したとか、フィルに憧れて地方都市から上京したとか、その思い出を語る人は今も多し。当時の若者を熱狂させたダブリン発祥のロックバンド、シン・リジー※のフロントマン、故フィル・ライノットの存在は今なお人々の心に生き続け、歌声をラジオやBGMで耳にしない日がないほどです。ガイアナ出身の父の容姿、母のアイルランド魂を受け継ぎ、当時としては珍しい非白人のアイルランド人としてダブリンの下町で育ったフィルは、多様性という言葉もなかった時代にそれを体現しました。その楽曲や歌詞には、伝統のトラッドやケルト文化を取り入れたものも。若くしてこの世を去ったロッカーの街角の銅像には、花やギターのピックを手向ける人が今もあとを絶ちません。

※Thin Lizzy、当地の発音は「ティン・リジー」。

白鳥に変えられた子どもたちのお話　　no.102

　昔むかしあるところに、王と4人の子どもたちがいました。亡き母を恋しがる子たちを不憫に思った王は新しい妃を娶りますが、王の子どもたちへの愛情に嫉妬した継母は、魔法を使って4人を白鳥の姿に変えてしまいます。900年の呪いにかけられて湖や海をさまよい、すっかり年老いた4羽の白鳥。教会の鐘の音により晴れて呪いが解けて人間に戻るも、天国へ召されました——という、なんとも悲しいお話は、アイルランド三大悲劇の昔話のひとつ「リア王の子どもたち（Children of Lir）」。水辺に生息するコブハクチョウを見ると、もしやリア王の子どもたちでは？　と思わずにいられません。ミュート・スワン（声を出さない白鳥）の英語名の通り、めったに鳴き声をあげないコブハクチョウですが、まれに発する低いしゃがれ声は、まるで子どもたちの悲しげなうめき声であるかのようです。

イルカと潜水艦の意外な関係　　　no.103

　19世紀後半、潜水艦の開発にとりつかれた1人のアイルランド人がいました。その名はジョン・P・ホランド。西部クレア県の海辺の小さな村リスカナーで生まれ、17歳のときに設計図を完成させますが、貧しさゆえ、数学教師となりアメリカへ移民。紆余曲折を経て、1881年、40歳で最初の進水に成功し、近代潜水艦の祖としてその名を歴史に刻みました。幼い頃のホランドは、沿岸警備隊だった父について海で過ごすことが多く、そこには今も時おりあらわれる野生のイルカが。初期の潜水艦には潜望鏡がなく、進行方向を確かめるためにときどき浮上する必要がありました。その動きがイルカによく似ているのは、ホランドが幼少期に故郷の海で見た光景をヒントにしたからともいわれています。

　ちなみに、改良を重ねたホランド艇は日露戦争で日本軍に使用され、1904年、ホランドは明治天皇より旭日章を授かりました。

ケルトの魔術が刻まれた石？

no.104

　言葉の魂が失われることを恐れ、書き記すことをしなかった古代ケルトの民ですが、アイルランド南部に住みついた人々はケルト圏で唯一の文字の発明者でした。縦、横、斜めの直線を組み合わせたユニークな文字はOgham（オガム）と呼ばれ、紙ではなく石に刻まれました。ケルトの樹木信仰との関わりが強く、20のアルファベット種の文字はそれぞれカバ、ナナカマド、ハンノキ、ヤナギ、サンザシなどの木の名で呼ばれ、上から下ではなく、木の成長になぞらえて下から上へ読むというユニークさ。土地の所有者や王の墓碑銘のほか、ケルトの祭司ドルイドの呪術文字でもあったと聞くと、魔法の呪文が記されているのでは？　と想像をめぐらせたくなります。現在も島内に約300体が現存し、古い教会跡地や路傍にたたずむミステリアスな石たち。触れると、魔女や妖精が暮らしに息づいていた遠い時代にタイムスリップしてしまいそう！

あの名作の舞台「タラ」はここから　　no.105

　アメリカの名作小説・映画『風と共に去りぬ』で、主人公スカーレット・オハラがアイルランド人の父から受け継ぐ農園の名は「タラ」。ダブリンから約30㎞北西に実在する、古代アイルランド王が君臨したタラの丘 (Hill of Tara) より名づけられました。

　イギリスの圧政下にあった19世紀のアイルランドでは、アイルランド人は農地を所有することが許されていませんでした。移民先のアメリカで、自分の土地を手に入れるという夢を叶えたスカーレットの父は、娘にこんな言葉を授けます。

「この世で確かに残るものは土地だけだ。アイルランド人の血が一滴でも入っていれば、自分の暮らす土地は母親同然のものになる」

　原作者マーガレット・ミッチェルの曽祖父も、物語のスカーレットの父と同じように身ひとつでアメリカに渡り、一代で大農園を築き上げたアイルランド移民でした。スカーレットが心の拠りどころとした「タラ」は、作者のアイルランド系ルーツへの誇りや愛着の表れでもあったのでしょう。

　現在のタラの丘は、古代の儀式に使われたという立石がぽつんとあるだけの草原。その見晴らしのよさは、この島の3/4が見わたせるといわれるほどです。ある夏の日に見た燃えるような夕暮れ空は、映画で観て憧れたスカーレットのタラ農園の真っ赤な夕日を思わせました。

まるで天然のロックガーデン　　no.106

　夏の数か月、可憐な姿の山野草が島中の野山を彩ります。高緯度ながら暖流のおかげで気候がマイルド、マイクロクライメイト（局所気候）も多いこの島の植生はバラエティ豊か。高山植物もトロピカルプランツも同じ大地に仲よく花を咲かせます。とくに西部ゴールウェイ県とクレア県にまたがる360km²に及ぶカルスト台地Burren（P.44）は、在来の900種のうち7割が自生するという植物の宝庫。岩だらけの不毛の地のような見た目とは裏腹に、熱をたくわえた石灰岩の割れ目に多種多様な植物が育つのです。ピンク色のアケボノフウロウ（写真）、花の一つひとつが蘭の形をしたワイルド・オーキッド、まるで小人の鐘のような薄紫色のイトシャジンなどでいっぱいに。古代はバレンと地続きだった対岸のアラン諸島でも同様の花々が咲き、岩だらけの大地を色とりどりに染め上げてくれます。

Lughnasa

ルーナサ

8月1日〜10月30日

ヤギの王様が主役の最古の祭り　　no.107

　8月10〜12日にケリー県キローグリンで開催されるPuck Fair(パック フェア)は、人口2000人の町に10万人が集う、夏の大イベントです。「パック」とはアイルランド語で雄ヤギのこと。その起源は、古代ケルトの収穫期のはじまりを祝うLughnasa（Lúnasa ルーナサ）祭に由来するとか、敵の軍隊に攻め込まれた時に危険を知らせてくれた雄ヤギに敬意を示すものだとか諸説ありますが、アイルランド最古の祭りであるというのが定説です。山で捕獲された野生の雄ヤギに少女が冠を授け、「キング・パック」として町の中心のやぐらにかかげおくのが伝統ですが、近年は動物福祉への配慮から、時間を限ってお目見えするのみに。恒例の馬市を皮切りに、音楽演奏や各種ストリート・イベントが行われ、最終日にはフィナーレを飾る打ち上げ花火で盛り上がります。大役を務めた雄ヤギは、このあと無事に山に帰されるのでご安心を。

伝統音楽が街にあふれかえる時　　no.108

　8月になると、1951年より続くアイルランド伝統音楽の祭典Fleadh
Cheoilが開催されます。全国から選ばれし町がホストタウンとなり、
国内外から数十万人が集う国内最大のフェスティバルです。アイル
ランド伝統音楽のスタンダードを保ち、後世に伝えていくことが目的。
約1週間の期間中に、フィドル、アコーディオン、フルート、ティンホイッ
スル、イーリアンパイプ、ハープ、バウロン……といった伝統楽器の奏
者による競技会が行われるほか、数えきれないほどのコンサートや
ケーリー（ダンスと音楽演奏の集い）、セッションが催され、ミュージシ
ャンやダンサー、トラッド音楽ファンが街にあふれかえります。ストリ
ートで地元の子どもたちが腕試しのバスキング（路上演奏）を披露す
るのも見もの。この国が誇る伝統音楽の文化が、まさに草の根レベ
ルで継承されていることを実感できます。

今年の「ローズ」の栄冠は誰に？   no.109

　8月後半に南西部ケリー県トラリーで開催される、ローズ・オヴ・トラリー国際フェスティバル。「トラリーのバラ」と崇められた美しい女性メアリーを歌った古いバラードにちなんで素敵な女性を選ぶ、1959年より続くコンテストです。出場資格は全世界のアイルランド生まれ、またはアイルランド系の29歳以下の女性で、予選を突破した32人の「ローズ」たちが決勝戦に進出。歌にある「愛らしく美しい」女性が、その年の「ローズ・オヴ・トラリー」の栄冠を勝ち取ります。美人コンテストではないので水着審査は行われず、特技を披露して人柄をアピール。その様子は公共テレビ局で2夜にわたり放映されます。

　ちなみに歌のメアリーは貧しい身分のメイドで、仕えた屋敷の息子ウィリアムとの身分違いの悲恋の末に死去。二人の銅像が立つトラリーのバラ園は、今や地元の若者たちのロマンチックなデートスポットとなっています。

沈黙のマリア様が出現した聖地　　no.110

　1879年8月21日の夜、西部メイヨー県ノックに暮らす2人の女性がともに家路を歩いていた時のことです。村の教会の壁に、冠を戴く聖母マリアの幻影を目にしてびっくり。隣には聖ヨセフ、使徒ヨハネ、祭壇上の子羊（イエスの象徴）と十字架もあらわれ、白く輝いているではありませんか。2人はすぐさま家族や親戚、近所の人たちを呼び集めました。25人の村人が小雨の中、約2時間にわたりマリア様の言葉を待ち望みましたが、沈黙のご出現に終わりました。このできごとは「ノックの奇跡」として全世界に知られ、多くの巡礼者が訪れるように。奇跡から100年の節目には1万人収容の巨大なバジリカ聖堂が建設され、今では一大聖地に発展しています。あの時、なぜマリア様は沈黙していたのでしょうか？　その理由はさまざまに解釈されていますが、聖母のメッセージはあなたの胸の中にあるのですよ、と、熱心な信者さんが教えてくれました。

巨人の食卓？恋人たちのベッド？　　no.111

　農耕がはじまった紀元前4000年紀にさかんに造られたのが、ドルメンと呼ばれる巨石建造物。北フランスのケルト語で「石のテーブル」を意味し、巨人のテーブルのようにも、古代の祭壇のようにも見えますが、実際には支石墓。石組みの内側には死者の遺灰・遺骨が安置されました。5本の支柱に石蓋をのせたシンプルな造形ながら、石の種類や立地により、現存する160基それぞれに異なる趣が。巨人のキノコ、飛び立つ鳥などユニークなニックネームがつけられています。中には、王の追手を逃れて愛の逃避行を続けたケルト神話の恋人同士ディアムッドとグローニャが一夜を過ごしたベッドであるとのロマンチックな言い伝えから「グローニャのベッド」と呼ばれるものも。石蓋が丸みを帯びていたり、傾斜していたりする場合は、テーブルにもベッドにも不向きと思えてなりませんが。

人生の波乗りもフレンドリーに　　　no.112

　経済成長が進むにつれ、身近な自然で趣味やレジャーを楽しむ人がより多くなったように感じます。中でもサーフィンは近年のトレンド。大西洋岸を中心に数々のスポットが見いだされ、冷水や強風もなんのその、ボードをかかえて海へくり出すサーファーの姿が日常的に見られるようになりました。9月からの半年間は本格的なうねりのシーズンとなり、ビッグ・ウェーブのメッカとして知られる北西部マラグモアでは15m級の大波で見事なトーインサーフィン※がくり広げられることも。他国のサーフ・シーンは地元サーファーの縄張り意識が強いと聞きますが、アイルランドの海はフレンドリーそのもの。波待ちしながらおしゃべりしたり、よい波に乗れるとどこからともなく拍手や声援が飛んだり。波乗りはしばしば人生に例えられますが、ここで乗る波に孤独はないように感じます。

※ジェットスキーに引っ張ってもらい、そのスピードで波の斜面を下りてサーフィンすること。

港町のパブに伝わる日本刀の話   no.113

　南西部の港町キャッスルタウンベアにある1860年創業のマッカーシーズ・バーで、店主のエイドリアンが、父の形見だという日本刀を見せてくれたことがあります。彼女の父エイダンは医官として第二次世界大戦に赴き、日本軍の捕虜に。ジャワ島と長崎で壮絶な3年半を強いられるも、原爆投下後には敵味方問わず治療にあたり、捕虜に殺害されそうになった日本人看守の命を守ったこともありました。その行動に感激した日本軍将校が、感謝と友情のしるしに贈ったという軍刀がそれでした。そのストーリーは2015年公開の映画『A Doctor's Sword（軍医の刀）』で日愛両国に知られることに。戦時下でも損なわれることのなかったエイダンの高潔な精神を象徴するかのような刀は、獲れたてのカニがびっしり詰まった素朴なサンドイッチがおいしいパブの上階で、今も大切にされています。

愛唱歌に詠われた名残のバラ   no.114

　ダブリンの国立植物園に、うやうやしく柵に囲われた由緒あるバラの木があります。南東部キルケニー近くのジェンキンスタウン・パーク屋敷跡より移植された、ピンク色のチャイナローズ（庚申バラ）。このバラが、日本で『庭の千草』のタイトルで知られるアイルランド民謡、『The Last Rose of Summer（夏の名残のバラ）』に詠まれたバラなのだとか。19世紀初頭、ダブリン生まれの若き詩人トーマス・ムーアは、愛する人に先立たれた悲しみを咲き残る花に重ね、「ああ、この荒涼とした世界に誰がひとりで住めようか」と詠い、古くから伝わるメロディにのせて親しまれるように。ある夏の終わり、雨に濡れながらも健気に咲くこの花を見て思いました。成功して著名になるも、妻にも5人のお子さんにも先立たれ、名残のバラのごとくひとり残されたムーアの人生はいかなるものだったのだろうか、と。

ハッピーバースデーは若返りの呪文　　no.115

　誕生日を大切にするこの国の人たち。子どもはもちろん、大人になっても歳を重ねることを喜び合うムードがあるのは、年齢が大きく書かれた楽しげなデザインのバースデーカードが店にずらり並ぶことからもうかがい知れます。成人年齢の21歳を皮切りに、30歳、40歳、50歳……といった10年ごとの節目には特別なパーティーを開く習慣があります。家族や友人がサプライズで企画することもあれば、誕生日を迎える本人が主催することも。パブを借り切ってのディスコパーティーから少人数での心あたたまる食事会まで形式はさまざまですが、誕生日はポジティブに楽しむのがアイルランド流。「ハッピーバースデー！」は若返りの呪文？　心はいつまでも若いまま、はつらつと歳を重ねる人がここには多いように感じます。

「魚の王様」サーモンは知恵の象徴　　no.116

　大西洋を回遊し、生まれた川に戻ってくるアトランティックサーモンは、その生命力の強さゆえに古くから「魚の王様」とみなされてきました。脂ののった切り身はシンプルにバター焼きにするだけで味わい深く、肉厚のスモークサーモンはブラウンソーダブレッド（P.94）によく合います。淡水と海水を行き来する性質が古代ケルトの再生の思想に重なることから、ケルト神話にもしばしば登場し、全世界の叡智を備えたサーモンの伝承はとくに有名。最初に食べた人に叡智が授けられるというそのサーモンを釣り上げた賢者は、弟子の少年フィンに調理を命じました。味見は禁じられていましたが、魚の脂がはねた親指をとっさに口にくわえたことで、叡智を得てしまったフィン。その後はいかなる困難も親指をしゃぶることで解決できたとさ——というお話は「知恵のサーモン」と呼ばれ、魚嫌いの子どもにお母さんが話して聞かせる定番です。

ヨーロッパ最西端の岬はここにあり　　no.117

　ヨーロッパ大陸の最西端と言えばポルトガルのロカ岬ですが、アイルランド島にはさらに西へせり出す地点が数か所あり、もっとも西が南西部ディングル半島のダンモア・ヘッド。西経10度28分54秒、ロカ岬より約1度西となる、ヨーロッパ最西端がここです。1970年の名作映画『ライアンの娘』の印象的な嵐のシーンが撮影されたクミノール・ビーチをながめながら、丘を越えて岬の突端へ。荒々しくも美しい最果ての景色が眼下に広がります。岩島と速い潮流のため、数々の海難事故を引き起こしたという海峡の向こうには、大小6つの島からなるブラスケット諸島が。1988年、灯台の自動化により最後の灯台守が引き上げ全島無人となりましたが、本土に最も近く、1954年まで集落があったグレード・ブラスケット島へは定期のボートで渡ることができ、かつての厳しい暮らしぶりを垣間見ることができます。

「神様の涙」は深紅とパープル　　　　no.118

　はじめてこの島に降り立ったのは8月。空と海のブルー、牧場のグリーン、咲き誇る花々の赤やピンク、オレンジがまぶしく、自然の色の鮮やかさに目を奪われました。中でも印象的だったのが、真っ赤な花をたわわにつけたフクシアの大木。西部や南西部の沿岸地域ではしばしば生け垣として植えられ、7月下旬から8〜9月にかけて深紅の畝が延々と連なります。その光景は、緑の大地に真っ赤なリボンをかけて、この島の美しさを祝福しているかのよう。19世紀に持ち込まれたチリ原産の外来種で、冬でも凍らないこの地の気候が適して帰化。つりがね状の花の形をバレリーナに見立てたり、「貴婦人の耳飾り（Lady's eardrop）」のニックネームで呼ばれたりすることも。アイルランド語ではDeora Dé、「神様の涙」の意。この国の神様は、なんとエキゾチックな色合いの涙を流すことでしょう。

奇才の芸術家、ハリー・クラーク　　no.119

　20世紀初頭のアーツアンドクラフツ運動の時代に活躍した奇才の芸術家に、ダブリン出身のハリー・クラークというステンドグラス作家がいます。若き日より才能を認められ、ステンドグラスのほか、アンデルセンの童話集やエドガー・アラン・ポーの怪奇小説などのイラストを手がける挿絵画家としても知られた人物。父のステンドグラス工房を継いで教会の窓や個人の邸宅を飾るガラス制作を精力的に行い、絵の仕事と二足の草鞋を履きこなしました。41年という短い生涯に残したステンドグラス作品は160枚以上。美術館に所蔵されているばかりでなく、その多くはアイルランド各地の市井の教会で今も制作当時のままに見ることができます。

　繊細な描写と豊かな色使いにより生み出されるクラークの世界は、ガラス工芸のマジックそのもの。バレエや演劇、装飾芸術への深い造詣が作品にいかされたことはもちろん、制作の裏には並々ならぬ努力と情熱がありました。ダブリン市内の聖ジョセフ教会にある『キリストの磔刑』をテーマにした大窓はクラークの出世作となった作品ですが、自身が裸で十字架にかかり、それを撮影した写真をもとに下絵を描いたそう。

　彼が描く女性たちの顔つきも印象的。憂いを帯びた大きな瞳は、現代の少女漫画を先取りするかのようです。その強い目力に引き込まれそうになる時、若くして健康を害し、療養中のスイスで志半ばに生涯を終えた偉大な芸術家の悲哀を思わずにいられません。

画家をメダリストにした水泳大会　　no.120

　9月になると、ダブリンの歴史ある水泳大会リフィー・スイムが開催されます。街の中心部を流れるリフィー川を市民スイマーが一心不乱に泳ぎ進む光景は圧巻。1920年、独立戦争の動乱期に28人ではじまり、経済不況や水質汚染など数々の問題を乗り越えて継続され、今や500人以上が出場するヨーロッパいち長く続く水泳大会に発展しました。ギネス工場から旧税関までの2.2kmを、水の冷たさもなんのその、海や川、湖で泳ぎ鍛えた精鋭たちがしのぎを削ります。

　20世紀前半に活躍した画家ジャック.B.イェイツは、この大会の光景を描いた『ザ・リフィー・スイム』で1924年パリ・オリンピックの美術部門※銀メダルを受賞。アイルランド初のオリンピック・メダルをもたらしたその絵は現在ナショナル・ギャラリーに展示され、伝統ある大会にチャレンジする人々を鼓舞し続けています。

※1910～1948年のオリンピックには、スポーツを題材にした美術作品のメダル競技部門があった。

ヒースの花咲く荒野へ　　　no.121

　ヒースの花に文学的な響きを感じるのは、英文学史上の金字塔『嵐が丘』(P.52)の影響でしょうか。物語のヒースクリフとキャサリンが駆けまわったヒースの花咲く荒野はイギリスのヨークシャー地方ですが、アイルランドの荒野も、花の時期には嵐が丘さながらにピンク色に染まります。ヘザーとも呼ばれるこの花は島内に数種類自生し、7月下旬から9月中旬にかけ、花ぶりが大きく色の濃いものから順に、低地から高地へと咲いていきます。中には西部にしか見られないめずらしい種類も。泥炭地など栄養分の少ない酸性土壌を好み、小さな花が群生することでその美しさを発揮します。まれに花の色が白いものがあり、運よく見つけた人には幸運が訪れるとか。東部ではダブリン＝ウィックロウ山地、モーン山地、西部ではドネゴール県、メイヨー県、ゴールウェイ県コネマラ地方が群生地として知られています。

夏の血がかよった濃厚なワイン？　　no.122

　アイルランドが生んだ偉大な詩人、故シェイマス・ヒーニー※が詠んだ詩によると「8月下旬に大雨と太陽に丸一週間当たると、ブラックベリーの実が熟す」のだそう。垣根に多い低灌木なので、この時期に田舎道を歩けば野生の果実をたっぷり堪能できます。

　ジャムやクランブルを作ろうという時には、バケツや袋をたずさえてブラックベリー摘みへ。灌木の棘に気をつけて、黒く熟した果実だけを摘み取ります。ヒーニーは、最初の一粒の甘さを「夏の血がかよった濃厚なワインのよう」と表しましたが、甘さや風味は夏の天候次第。古い言い伝えによると、9月29日の聖ミカエルの日に悪魔が唾を吐きかけるため、その日以降は摘んではならないとか。ちなみに、人間だけでなく鳥たちもこの実が大好きなので、彼らの分を残して摘むのがマナーとされています。

※シェイマス・ヒーニー（1939〜2013）は1995年ノーベル文学賞受賞。
引用した詩は1966年発表の「Blackberry Picking」。

ロマンスの神様がいる町へ　　　　　no.123

　かつて農村地域では、9月の収穫祭が男女の出会いの場でした。どの町や村にもマッチメーカーと呼ばれる仲人役がいて、似合いの男女を引き合わせたり、シャイな農夫に求愛の手ほどきをしたりしたものです。西部クレア県の人口1000人にも満たない町リスドゥーンバーナには今もその伝統が残り、最後のマッチメーカーが健在。1960年代、父から役目を引き継いだウィリー・デイリーさんは、これまで3000組の結婚を仲介したというロマンスの神様です。町では9月の1か月間、昔の収穫祭を起源とするマッチメイキング・フェスティバルが開催され、メイン・ストリートのパブ、ザ・マッチメーカーで音楽やダンス、婚活イベントが。ウィリーさん、もしくは後継者となる娘のエリシャさんが、触れると半年以内に愛が見つかるという通称「ラッキーブック」こと150年前の恋愛台帳を手にあらわれるので、乞うご期待！

今や貴重な大西洋の天然オイスター　　no.124

　9月になると、西海岸のゴールウェイで天然牡蠣が出回ります。ジューシーでさっぱりした風味の平牡蠣で、古代からこの島の重要な食資源でした。現代のアイルランド人は牡蠣をあまり好みませんが、古いレシピ本には牡蠣シチュー、牡蠣パイ、牡蠣パンなどが紹介されています。乱獲や水域汚染、鉄道建設による牡蠣床の損傷でその数が急減するまでは、島中の沿岸部に牡蠣売りが並び、日常的に食されていたそう。1970年代にその減少を補うため、ギガズまたはパシフィック・オイスターと呼ばれる日本生まれの真牡蠣が導入され、地域ごとに形や風味を違えて育つ養殖牡蠣が一年中味わえるようになりました。その一方で、9～4月限定の天然牡蠣はより貴重なものに。ゴールウェイでは9月最後の週末にオイスター・フェスティバルが開催され、町おこしにひと役買っています。

夏の再来をいとおしむ9月　　no.125

　アイルランド語でLughnasa（Lúnasa)と呼ばれる8月は、夏が終わりを告げる時。ひと雨ごとに気温が下がり、秋の気配が忍び寄ります。ところが9月になると天候が安定し、夏が返り咲いたかのような晴天が続くことがよくあります。子どもたちには皮肉なことに、「夏休みが終わり、学校がはじまると天気がよくなる」と昔から言われるほど！

　太陽が大好きなこの国の人たちにとって、立ち去る前に少しだけ足踏みしてくれる夏の名残ほどうれしいものはありません。ルーナサの語源だという古代ケルトの光の神ルーが、気を変えてひょっこりと戻ってきてくれたかのよう。学問の秋、実りの秋へシフトする9月は、伝統的な収穫シーズンのはじまりでもあります。澄み切った晴天を仰げば、楽しかった夏が大団円を迎えるかのような、静かな華やぎが感じられるのでした。

プチ登山がいざなう絶景スポット　　no.126

　健康志向の高まりとともに、ウォーキングやハイキングを日常に取り入れる人が増えています。人や街が大自然に近い距離にあるコンパクトなお国柄ゆえ、絶景スポットへ比較的簡単に到達できるのがアイルランドを歩く利点。高い山もなければ、深い森もありませんが（P.194）、泥炭地のボードウォークや、海沿いのクリフウォークなどアイルランドならではのトレイルを歩けば、息を呑むような景色にそこここで出会えます。山も高すぎないからこそ、登山にも気軽にチャレンジできます。私が命の洗濯をしにくり返し訪れる西部の二大名峰は、メイヨー県のクロー・パトリック（764m）と、ドネゴール県のエリガル（751m）（写真）。いずれも円錐形の山で、山頂近くの急勾配はそれなりにきついものの、日常レベルの健脚があればOK。プチ・チャレンジの後には、まるで数千メートル級の山頂を制したかのような大絶景が迎えてくれます。

海賊の女王グローニャワルの末裔 no.127

　この国の歴史に名を残す女性の中で、女傑と呼ぶにもっともふさわしいのが16世紀の「海賊の女王」ことグレース・オマーリーでしょう。おてんばだった少女の頃、海に出るために長い髪を切り落としたことからグローニャワル（禿のグレース）のニックネームを授かり、女族長となって活躍。イギリス支配が強まる中で一族の領土を必死に守り、人質として捕らえられた息子の命乞いに、時の女王エリザベス一世に直談判しに行ったことも。英語を話せない西の海賊が、アイルランド語を話せない女王とラテン語で会話したというエピソードは、彼女がただの海賊ではなく、教養も兼ね備えた女性だったことを物語っています。そのたくましさと賢さは、この国の元気ではつらつとした女性たちに引き継がれているように思えるのでした。

じゃがいもに翻弄された苦難の歴史　　no.128

　この国の近代史は、よくも悪くもじゃがいもに翻弄されたといっても過言ではないでしょう。16世紀末に中南米よりもたらされ、穀物に代わって主食に。ビタミン豊富なじゃがいもは農村の救世主となり、人々は貧しくとも健常な身体を保持していました。ところが1845年からの数年間、疫病が蔓延してじゃがいもが枯死。大人1人が日に5〜6kg食べるほどのじゃがいも依存が仇となり、100万人を餓死させる大飢饉に発展してしまいます。生き残った人も多くが国外へ脱出し、人口が半減。貧困と移民がその後も長く続きました。1990年代後半からようやく国が豊かになり、各地に大飢饉の慰霊碑が建立されるように。4人に1人が餓死したという西部メイヨー県では、「棺桶船」と呼ばれた移民船と飢餓に苦しむ人々の鮮烈なモニュメントが、聖山クローパトリックを見晴らす地で先祖の苦難を伝えています。

タイディ・タウンズでよりよい町に   no.129

　この国には1958年より続く「タイディ・タウンズ」という地域再生の取り組みがあります。「tidy」とは「こざっぱりした、整った」という意味で、表面的な美しさではなく、地域の環境改善への努力をコンテスト形式で競うもの。毎年平均700市町村が参加する国をあげてのイベントで、活動を支えるボランティアは全国に約3万人。ゴミ拾いや花を植えるなどの美観維持はもちろん、町のレイアウト全体を見直し、歩道を広げたり、電線を地中化したりする町も。近年は廃棄物の最小化や、気候変動対策の植樹もさかんです。夏の間に審査員がまわり、秋以降に受賞の市町村が発表されます。スローガンは「Make your place a better place（地元をよりよい場所に）」。地元への誇りや愛着を具体的な形で示そうとするこの国の人の生活態度は、こういう取り組みにより培われているのでしょう。

Photo: Michael McLaughlin

りんごのお菓子はブラムリーで　　no.130

　クッキングアップルと言えば日本では紅玉ですが、こちらではブラムリー・アップルが定番。ゴツゴツと無骨な見た目の青りんごで、酸味と渋みが強いのでそのままガブリとはいけませんが、熱を加えるとピューレ状になり、砂糖の甘さと酸味がほどよく溶け合う風味豊かなアップルパイやジャムになります。全世界の1/3の量がアイルランド島で生産され、中でも北アイルランドのアーマー県産「アーマー・ブラムリー」は、EUのPDO（原産地名称保護）指定を受ける特別な品種として珍重されているほど。発祥は約200年前、イギリスのノッテンガム州というのが定説ですが、北アイルランドにもやはり樹齢200年の、今なお実をつける原種とされる木があるので、実はアイルランド発祥なのでは？　とひそかに思っています。スコットランドだと思われがちだけれど、本当はこちらが発祥地のウイスキーみたいに！

バンバンよ、永遠なれ

no.131

　その昔、ダブリンの街が今よりずっとおおらかだった頃。街の誰もが知るユニークな人物が多くいました。美しく着飾りひとり笑顔でクルクルと踊り続けるダンシング・メアリー。学生でもないのに日々トリニティ・カレッジのキャンパスにあらわれる謎の日本人マテオさん。極めつけはバンバン。西部劇ファンの男性で、教会や刑務所で使用されるような大きな鍵をポケットから取り出し、銃に見立てて周囲の人を「バン、バン！」と撃つまねをしだすのです。路上で、市バスで、ときには劇場で舞台上の俳優を「射殺」。人々は撃ち返すマネをしたり、死体になってみせたりして面白がったそう。彼らの存在は街の日常として、あたたかい目で見守られていました。お芝居や歌の題材となったり、カフェの名になったり、壁画に描かれるなどして、古きよきダブリンを今に伝えるエピソードとして語り継がれています。

小さな国の大きな愛国心

no.132

　首都とはいえダブリンの街は小さいので、なじみの顔にばったり出くわすことが多くあります。移住者の私でさえこうなのだから、この国で生まれ育った人たちはなおさらのこと。2～3人介したら国民みなが知り合いなのでは？　と思うほどに知った顔にしょっちゅう鉢合わせするのです。でも、誰もがさほど驚く様子もないのを見ると、どうやらそれが普通のことのよう。日本の福岡県とほぼ同じ人口500万人強の小国家では、著名人さえも身近な存在。国際的なイベントやスポーツの試合の応援などで団結心がとりわけ強いのも、互いの距離が近いせいでしょう。スポーツ選手などが偉業を成し遂げた時に決まって口にされる言葉は、「アイルランド人であることを誇りに思います！」。このとびっきりの愛国心には、小さな島国で生まれ育ったことへの誇りと、家族やコミュニティへの愛と感謝があふれているのです。

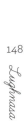

民意が勝ち得た水道の無料制度　　no.133

　雨水や湧き水のおかげで水が豊富なアイルランド。水道料金は無料※ですが、この制度の継続は近年、民意により守られました。浄化施設の老朽化などを理由に2015年1月より有料化が決まりましたが、これまで通り税金で賄われるべきだ！　と国民が猛反対。10万人規模のデモに発展し、メーターの取りつけ作業員が覆面の反対派に襲われる事件も。過半数を超える世帯が支払いを拒否し続け、政府は導入から1年半で撤廃を余儀なくされました。支払い分は全額返金され、国民の勝利に。この国の人々はおおむね従順ですが、その正義感ゆえ、納得できないことにはなびかないのです。

　とはいえ、水はタダでも無駄使いはしません。水道水を出しっぱなしで食器をすすぎ洗いしたり、シャワーを長時間使ったりするのはご法度。資源の無駄使いは道義に反することなのでした。

※許容量を超えると超過料金が課せられるが、許容量は使用平均量の1.7倍のため、超過する家庭はほとんどない。

日愛の架け橋ラフカディオ・ハーン   no.134

　19世紀に日本に渡り、日本人となった1人のアイルランド人がいます。その人の名は小泉八雲こと、パトリック・ラフカディオ・ハーン。英語教師として島根県松江市などに暮らし、妻セツから聞く日本の伝説や幽霊話をもとにした再話文学集『怪談』をはじめとする物語やエッセイを発表。日本の民俗学及び文学史にその名を刻みました。両親と生き別れ、寂しい幼少期を送ったハーンの故郷への想いは苦々しいものでしたが、アイルランド西部出身の乳母が語って聞かせた「目に見えないもの」が信じられていた時代の昔話が心の奥底に眠っていたよう。八百万の神々が息づく明治の日本の風土に、故郷に相通じるものを感じたのかもしれません。ハーンが休暇で訪れ、海に親しんだという南東部トラモアには、その生涯を記念したラフカディオ・ハーン庭園があり、日愛の架け橋の場となっています。

国産ワインはぶどうじゃなくベリー　　no.135

　アルコールといえばビールとウイスキー一辺倒だったアイルランドでも、食が豊かになった2000年代以降、食事と一緒にワインをたしなむ人が多くなりました。ぶどうが実らないこの国ではワインはもっぱら輸入品でしたが、近年、アイルランド産ベリーから作られる国産ワインが誕生。地産地消を大切にするこの国のグルメの理念にかなうことはもちろん、その味もぶどうに負けないおいしさ。家族経営のウィックロウ・ウェイ・ワインズで製造されるMoineir（モネア）シリーズは、いちご、ブラックベリー、ラズベリーの3種で、動物由来のものを排除したヴィーガン向け。甘いデザートワインのようなものかと思いきや、ベリー本来の風味と酸味がそのままに濃縮された食事にもよく合うワインです。「ワインはぶどう」の概念をくつがえす、ユニークでおいしいローカル・フードの楽しみ方にスローンチャ※！

※アイルランド語で「乾杯」。

アザラシの妖精セルキーの伝説　　no.136

　海辺でしばしば出くわすアザラシたち。潮が引いた浜辺や岩礁に群れをなして寝そべっていたり、赤ちゃんを背にスイスイ泳いでいたり、漁船が停泊する港にあらわれてプカプカと顔を出してみせたりと、巨大な身体に似ても似つかぬ、ほのぼのした顔つきで和ませてくれます。ケルトの民間伝承にセルキーというアザラシの妖精が出てくるのも、古くから身近な生きものだったからでしょう。普段は海中に暮らし、陸にあがるときは厚い皮衣を脱ぎ捨てて人間の姿になるというセルキー。浜辺で踊る美しい女セルキーに恋をした漁師がこっそり皮衣を隠してしまい、海に帰れないようにして妻にするという羽衣伝説そっくりの話も伝わっています。その伝説は『フィオナの海』（1994年）、『オンディーヌ　海辺の恋人』（2009年）、アニメーションの『ソング・オブ・ザ・シー　海のうた』（2014年）などの映像作品のテーマにも取り入れられ、語り継がれています。

木々が緑でない色になれる時　　no.137

　秋が深まり、公園や街路の木々が色づくのがことさら新鮮に感じられるのは、ぜいたくなことに普段緑を見過ぎているためかもしれません。夏の木々はもちろん、冬枯れしない大地（P.190）や常緑樹の植林地など、ここでは一年中、緑がデフォルト。そんな中、年に一度の衣替えを唯一楽しめる落葉樹は、ひょっとして自然界の憧れの的かもしれないなどと思うのです。

　日本では紅葉を愛でる文化がありますが、ここでは確実に赤くなるのは蔦の葉くらい。桜や楓さえも緑から黄色になり、ときにオレンジがかるも、赤になり切れずに落葉してしまいます。赤くなるのに必要とされる日照時間や、昼夜の寒暖差が足りないせいですが、秋口に晴天が続くとほのかに赤らむことも。こちらの人々はさほど気に留める様子もありませんが、紅葉大国ニッポン人の性でしょうか、赤い葉を見つけるとなんだかとてもうれしくなります。

過去から来た？アランの老人 no.**138**

　古代ケルトの民がもたらしたアイルランド語（P.21）を、今も日常語として話し続ける地域があります。大西洋に浮かぶ離島や、地形が入り組んだ沿岸部など、いずれもイギリス支配が及びにくく、英語の普及が遅れた僻地。とはいえ、メディアが発達した現代の子どもたちは、早いうちから英語も身につけバイリンガルとして育ちますが、古い世代の中には英語はカタコトしか解さない人も。その最後の生き残りではないかと思えるおじいさんに、アラン諸島のイニシュマーン島で会いました。

　大西洋に浮かぶアラン諸島では、かつては漁業が主業でした。島の高齢男性の多くがそうであるように、その人も海の仕事をしていたのでしょう。呪文のように響く言語で語りかけてくるその意味はわからずとも、日に焼けた肌に刻まれた皺が、過ぎし日の思い出や冒険を物語ります。ふと目をやると、腰には伝説のクリスベルトが巻かれていました。かつて島の女性たちがつま先や椅子の脚に毛糸を引っかけ、道具を使わず指だけで編んだというアラン諸島の希少なハンドクラフト。今や編める人はほぼいないと言われるそのベルトを、身につけている人がいるとは。まるで過去からあらわれたかのようなあのおじいさんは実在したのでしょうか、それとも私の郷愁が生んだ空想だったのでしょうか。今となっては定かではありません。

伝統音楽は自らの魂のために奏でる　　no.139

　日暮れ後の静かな小村で、一歩パブに足を踏み入れると思いがけない熱気と演奏に包まれることがあります。この国の農村地域で継承されてきた伝統音楽のメロディ。夜が更けるのも構わずくり返される終わりなき旋律は、まるで古代遺跡に見る一筆書きのうずまき模様のよう。一度聴いたら耳から離れない、独特の節回しです。かつて移民により諸外国にもたらされ、ケルト音楽と呼ばれるジャンルに昇華したアイルランド伝統音楽は、地元のパブを会場として今もこうして演奏され続けています。楽器持参でパブに集いセッションに参加するミュージシャンの多くは、昼間は日々の糧としての仕事をしながら、魂を活かすためのパッションとして音楽活動を続けている人がほとんど。聴衆がいれば幸い、いなくても幸い。自らの喜びと楽しみのために演奏する市井の人々こそが、この国の音楽芸術を支えるいちばんのミュージシャンなのです。

北アイルランド紛争という負の記憶 no.140

　この島の北東部1/6はイギリス領北アイルランド。行き来は自由にできるものの、言語の壁、通貨の壁が立ちはだかります。1922年、長きにわたるイギリス統治から独立を果たすも、17世紀以降にブリテン島から入植したイギリス系プロテスタントが多数を占めていたベルファーストを中心とするエリアは、イギリス領に留まりました。同地に暮らすアイルランド系カトリックは不当な差別を受け、1960年代後半より対立が激化。やがて両居住区は、皮肉にも「ピース・ウォール／ピース・ライン（平和の壁）」と名づけられた分離壁で隔てられることに。この対立が30年間続いた北アイルランド紛争で、3500人が犠牲になりました。1998年の停戦合意により和平が訪れましたが、壁の多くはいまだ残り、世代を越えて受け継がれる負の記憶や暴力の連鎖をいかにして断ち切っていくかが今後の課題とされています。

りんごのお酒サイダーも人気　　no.141

　ビールやウイスキーで知られるアイルランドですが、サイダーも1000年近い歴史のある伝統的な飲みものです。サイダーとは清涼飲料水ではなく、りんごの発泡酒、すなわちシードルのこと。国内で栽培されるりんごの約30%が、シュワシュワと喉ごしのいいこのドリンクになります。パブには生ビール同様生サイダーがあり、普段はビール党という人も天気のよい日はよく冷えたサイダーを好みがち。人々が折に触れて口にする身近なアルコール飲料です。

　かつてはサイダーといえば大手メーカーのブルマーズ（国外ではマグナーズ）一辺倒でしたが、近年クラフト・サイダーが多く出回るようになり、味も種類も豊富に。中にはりんご農家自らが生産する産地限定のものも。地ビール・ブームさながらの空前の地サイダー・ブームですが、飲み口がさわやかな反面、ビールよりアルコール度数が高いものが多いので、飲みすぎにはくれぐれもご注意を。

ひつじのショーンのそっくりさん　　no.142

　700万人強が暮らすこの島に、羊の数は約600万頭。人口の少ない西部に多いので、地域によっては人間より羊のほうが多いことに。種類もさまざまで、ウィックロウ県など東部は全身真っ白いチェビオット種が多いのに対し、気候風土が厳しい西部は風雨により強いブラックフェイス種が主流。名前の通り顔、そして脚も黒いこの羊たち、アニメでおなじみの『ひつじのショーン』にそっくりなんです。Shaun(ショーン)という名は英語の男性名ジョンのアイルランド語名で、この国で一般的な名前。イギリス制作のアニメとは知りながらも、舞台はこちら？と思わずにはいられません。

　余談なのですが、アイルランドの名物には白と黒のコンビネーションが多いと思いませんか？　ギネス、アイリッシュ・コーヒー、アイリッシュ・ブレックファーストにつきもののブラック＆ホワイト・プディング、そして羊までも！

キスしたら口達者になれる伝説の石　no.143

　英語で「blarney(ブラーニー)」と言えば、お世辞や巧みな言葉などで人をたぶらかす話術のこと。この国の南部コーク・シティ近郊にブラーニーという城があり、そこのとある石にキスをすると、しゃべりの才を授かるとの言い伝えに由来した言葉です。15世紀に城を築いた口達者な領主マッカーシーが女王の使者を説き伏せ、城の没収を免れたとの故事が出どころのようですが、おしゃべり好きなアイルランド人のイメージも噂を後押ししたのでは？　スコットランドから贈られたとか、魔女から授かったなど諸説ある肝心の石は、高さ26mの城の最上部に張り出した欄干にはめ込まれているので、キスするには仰向けに寝そべり、頭を逆さにした姿をさらすことに。それでもなお、巧みな話術を欲する人が日々列を成し、中世の廃墟の狭い石段を上り続けるのでした。

紛争の街を変えたデリー・ガールズ　　no.144

　北アイルランド第2の都市デリー／ロンドンデリーは、趣ある島内唯一の城塞都市ですが、30年間に及んだ北アイルランド紛争（P.157）で血塗られたイメージに覆われてきました。が、紛争終結から20年経った2018年、差別や暴力、頻発した爆弾テロをブラックユーモアで笑い飛ばし、紛争下をたくましく生きた人々へのオマージュともいえるコメディドラマ、『Derry Girls（デリー・ガールズ）』※が大ヒットし、今ではドラマのロケ地として人気に。1990年代の紛争末期のデリーに暮らす女子校生5人組（うち1人は男子ですが諸事情により女子校通い）がくり広げる青春群像コメディには、銃をかまえて街を監視するイギリス兵や当時のニュース映像がリアルに織り込まれ、笑いの裏にある不条理や下町人情が共感を呼びました。悲劇の街のイメージは、今や喜劇と平和の街に塗り変えられたのです。

※Netflixにて配信中。邦題は『デリー・ガールズ〜アイルランド青春物語〜』

野菜不足はスープで補う？　　　no.145

　カフェやレストランのメニューに必ずといっていいほどある「Soup of the day（本日のスープ）」は、ちょっぴりお腹を満たしたいときの強い味方。大ぶりのボウルに入った野菜ベースのスープにパンがつくので、一品で軽めのランチにもなる人気メニューです。コンソメのような澄んだスープではなく、野菜を煮込んでブレンダーなどでピューレ状にした、もったりした食感の「食べる」スープ。具材は日替わりで、定番のじゃがいもとポロネギのほか、トマトと赤ピーマン、グリーンピースとミント、サツマイモとココナッツなどさまざま。ニンジンとオレンジ、パースニップ（シロニンジン）と青りんごなど、フルーツとの思いがけないペアリングも美味です。野菜嫌いの人が多く、生野菜のサラダなどはあまり食べないアイルランド人ですが、日々の野菜不足はこういったスープで補われているのかもしれませんね。

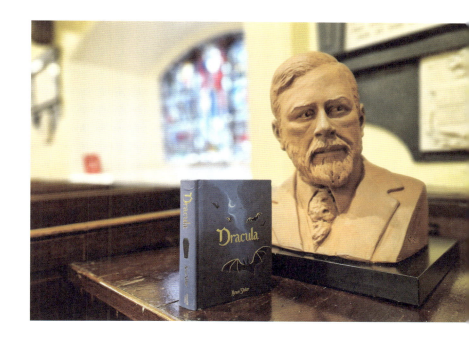

ドラキュラの作者はダブリン生まれ　　no.146

　ホラーものの元祖とされる小説『ドラキュラ』の作者ブラム・ストーカーは、19世紀のダブリンに生まれ育ったアイルランド人。ロンドンで劇場支配人として働くかたわら、中欧・東欧に古くから伝わる吸血鬼伝説をもとにした本作を含む数々の怪奇小説を世に送り出しました。ダブリン時代の若き日のストーカーの職業は、意外にもお堅い公務員。はじめて出版した書物は、『アイルランドの治安判事裁判官の手引き』という新入職員向けのマニュアル本だったとか。ダブリンにはストーカーの生家、卒業したトリニティ・カレッジ、公務員時代のオフィス、結婚式をあげた聖アン教会（写真）や結婚後の住まいが残り、ハロウィーンが近づいて街が怪奇ムードに包まれる10月下旬には、ブラム・ストーカー祭りも行われます。朗読会や作品解説などの文学イベントや怪奇パレードなど、さまざまな催しで街がにぎわいます。

豊かになった功罪をかみしめるとき　　no.147

　1980年代までのアイルランドは「ヨーロッパの病人」と言われ、西欧諸国でもっとも生活水準の低い国のひとつでした。資源もない、際立った産業もないこの国が、安い法人税率と高い教育水準を武器にIT、金融、製薬業など外国企業を積極的に誘致しはじめたのが1990年代後半のこと。経済が活発化し、「ケルティック・タイガー（ケルトの虎）」と呼ばれる未曾有の経済成長期を経て、1人当たりのGDP世界第2位（2024年）という富裕国に変貌しました。

　この国に暮らした四半世紀をふり返ると、車両の往来がまばらだった道路にマイカーがひしめき合い、パブしかなかった街におしゃれなレストランやカフェがあふれるように。暮らしが安定したことで、伝統文化に目を向ける余裕も生まれましたが、物価高、住宅難などの新たな問題も生じてきました。心の豊かさを失わないようにすることも、新生アイルランドの課題といえましょう。

街中に熱きエールが響き渡る日　　no.148

　秋も深まる10月最終日曜日は、毎年恒例のダブリン・マラソンです。1980年に2100人のエントリーではじまったレースは、今やその10倍のランナーが国内外から集う一大イベントになりました。コースはダブリン・シティ全域をぬい、その大半が住宅街。家の前を疾走するランナーを家族総出で応援するのが、多くの市民の毎年の楽しみとなっています。しかもその応援のフレンドリーさには定評あり！　沿道の声援が途切れることがありません。コースに面した庭でバーベキューをしながら声援を送る人、ランナーにグミキャンデーを手渡したり「これに触ると元気が出ます！」と書いた手作りボードを掲げたりする子どもたち。中には街中を巧みに移動しながら、応援に一日を費やす人も。何かを達成しようとする人を称え、惜しみない声援を送るのがこの国のよき伝統。街全体が大きなエネルギーと、あたたかな声援に包まれる日です。

磯が香るカラギンモス・ゼリー   no.149

　はじめてこの味を知ったのは、北西部ドニゴール県の家族経営の小さなお宿。「アイルランドの珍味を召し上がれ」とデザートに運ばれてきた真っ白いゼリーは、子どもの頃に食べた牛乳かんによく似ていたものの、ひと口食べると磯の香りが。その正体は、海辺の岩場に生えるカラギンモス、またはアイリッシュモスと呼ばれるテングサ類の海藻。大西洋の沿岸部で古くから食されてきたもので、ひとつまみを牛乳に煮溶かし、型に流して冷やすと、ふんわりやわらかく、やさしい舌ざわりのゼリーになるのです。かつて海藻食は貧しい時代の名残と見なされましたが、昨今の健康食ブームで変わりつつあり、カラギンモス・ゼリーもヘルシーなデザートとして見直されるように。ほんのり磯が香るゼリーの味をなんだか懐かしく思うのは、私たちもアイルランド人と同じ海に囲まれた島国の民だからでしょうか。

詩人イェイツが愛したベンブルベン   no.150

　北西部スライゴの情景がことさら神秘的なのは、異様な形をした山ベンブルベンの強烈な存在感のためでしょうか。高さは500m強しかないのに、ふもとの町や村にいても、海辺にいても、視界から消えることなく角度を変えてドラマチックにあらわれ続けるのです。地元の伝説によれば、山の中腹には異界への入り口があるのだとか。

　1923年、アイルランド人として初のノーベル文学賞を受賞した詩人・戯曲家のW.B.イェイツは、少年時代を多く過ごしたこの地を心の故郷とし、その風景や人々、土地の伝承を創作の源としました。オカルト好きで、目に見えない世界に憧れた詩人は、死の前年に発表した詩のタイトルのとおりに「Under Ben Bulben（ベンブルベンのふもと）」に眠っています。この地を愛した詩人の魂が土地の精霊となって息づき、山を通してオーラを放ち続けているかのようです。

「バイバイ……」と電話ボックス　　no.151

　スマホ時代となり、家庭に固定電話が普及するずっと前から1世紀にわたり人々の会話をつないできた公衆電話は、2024年をもって全撤去されました。ところが今も、町の広場や村の四つ辻にはナショナルカラーのグリーンが配色されたレトロな電話ボックスが残ります。電話機なき今もボックスだけは一部残され、別の用途に再利用されているのです。地域の掲示板として、AED（自動体外式除細動器）の保管場所として、電気自動車の充電ステーションとして、読み終えた本を持ち寄り自由に貸し借りする図書ボックスとして。時代の流れに合わせて合理的に対応しながら、古い文化を懐かしみ、大切にするこの国らしい試み。電話の切り際に名残惜しそうに「バイバイ……」を何回もくり返し、どちらからも切ろうとしない人々の話し癖と、なかなかなくならない電話ボックスは、なんだかよく似ているような気がします。

ギネスを知る10のこと   no.152

1　原材料は5つ。大麦、水、ホップ、イースト菌と、
　　創業者アーサー・ギネスの真心！
2　ほろ苦い独特の風味は、焙煎された大麦が加えられているせい。
3　色は黒ではなく、本当はダーク・レッド。光にかざしてみてください。
4　世界初の窒素注入ビール。クリーミーな泡は窒素ガスのなせる業。
5　1パイントに含まれる窒素粒子（泡）は3億個！
6　アルコール度数は（たったの）4.2％。
　　アイルランドのアルコール飲料売り上げナンバーワン。
7　2度注ぎが基本。注ぎ足しまでの待ち時間は119.5秒が最適！
8　アーサー・ギネスと妻オリヴィアは21人の子宝に恵まれた。双子なし。
　　（成人したのは11人）
9　ギネスブックは1955年、当時の社長ヒュー・ビーバー卿の
　　発案により誕生。
10　世界のギネス生産総量の約40％はアフリカで醸造。
　　アフリカではアフリカのビールだと思われている!?

動物大好きな国ではロバもペットに　　no.153

　アイルランド人は動物が大好き。ペットを飼う人の割合が高く、統計によると40％の家庭が犬を、20％が猫を1匹以上飼っているそうです※。犬猫のほか鳥や魚を飼う人がいるのは日本と同じですが、ロバをペットにするのはこの国ならではでしょう。農場で馬や牛と一緒に育てたり、広い裏庭のある田舎の家庭で子どものペットとしてかわいがったり、あちこちでその姿を目にします。

　かつてロバは農村地域の重要な働き手でした。畑で鋤を引かせたり、井戸水や泥炭を運ばせたりと酷使した罪滅ぼしに、今は大切にされています。国内に数か所あるドンキー・サンクチュアリ（ロバ保護園）に会費を払い、共同の里親になる制度もあるほど。人々の動物福祉への理解と共感が高いのは、幼い頃からこんなふうに身近で触れ合っているせいでしょう。

　ちなみに、世界初の動物福祉団体である英国王立動物虐待防止協会（RSPCA）の創始者の一人であった19世紀前半の政治家リチャード・マーティンは、アイルランド西部ゴールウェイ県出身でした。時の英国王より「ヒューマニティ・ディック（思いやりのディック）」とのニックネームを授かり、歴史にその名を残しています。

※日本は犬猫ともに9〜10％前後。

マックといえばスーパーマックス　　no.154

　マクドナルドのまがいものではありません。れっきとしたアイルランド発のファストフード・チェーンSupermac's（スーパーマックス）は、1978年に1号店をオープンさせ、ファストフード店のなかったこの国に革命を起こしました。今では100店舗以上を構える巨大チェーンとなり、マクドナルドから店名やメニュー名の類似を告訴される[※]ほどの存在に。店名の由来は、小学校の校長から起業家に転身した創業者パット・マクドナーのニックネームが「スーパーマック」だったからなのですが。国技ハーリングの地元チームのスポンサーを務めるなど、地域にも貢献しています。肉は100％国産、ホット・マフィン＆アイスクリームというご当地スイーツも人気です。注文してからじっくり作られる、ちょっぴりスローなファストフードである点も、メイド・イン・アイルランドらしさにあふれているといえましょう。

※2024年6月にスーパーマックスが勝訴。

老船バード・エディの物語　　　no.155

　1970年代、北西部ドニゴール県のバンベグ港で活躍したカラ・ナ・マラ号という漁船がありました。「海の友」を意味する名のその船は、数々の嵐でダメージを受け、1977年、修理のために留め置かれることになりました。エンジンを取り除き、近くのマヘラクロハー・ビーチへ牽引されるも、どういうわけか忘れ去られ二度と海へ戻ることなくそのままに……。持ち主の漁師の名を取ってバード・エディ（「エディのボート」の意）と呼ばれ、美しい海辺の風景の一部となりました。1985年、ダブリン出身のロックバンドU2のボノと、この地方出身の伝統音楽バンド、クラナドがコラボした『イン・ア・ライフタイム（In a Lifetime）』のミュージックビデオに登場して一躍有名に。今ではすっかり朽ち果てた姿となりましたが、古き時代の海での大冒険や、ここで過ごした静かな余生を無言で語り続けているかのようです。

最果てのロープウェイで常若(とこわか)の国へ　　no.156

　南西部ベラ半島の港町キャッスルタウンベア（P.128）からさらに西へ、入り組んだ海岸線に沿うくねくね道をドライブすること約30分。この世の果てかのような人里離れた岬の突端に、忽然とあらわれるロープウェイのシュールさは、これぞアイルランドの田舎。1969年、対岸のダージィー島に暮らす人々の足として建設されたもので、これにより潮流が激しく危険な海峡をボートで渡ることなく、本土と行き来できるようになりました。時が経ち、建設当初は40〜50人だった島の人口も、今ではロープウェイの定員6人を下回ったったの3人に。近年は島民より、観光客が利用することの方が多くなりました。乗り場近くには、ケルト神話の常若(とこわか)の国「Tír na nÓg(ティル ナ ノーグ)へ泳いで25km」とあらぬ方角を指し示す標識が。今なお島に暮らす3人は、もしやティルナノーグの住人では？と思われてなりません。

紅茶とアイルランド人の密な関係　　no.157

　アイルランド人にとって、紅茶は水や空気のようなもの。暮らしに当たり前のものすぎて、自分たちが世界で2番目に紅茶を多く飲む国民である※ことも知らないほどでしょう。ほっとひと息つく時、そこには必ず一杯の紅茶が。市販のティーバッグ（人気はバリーズの赤ラベル！）を人数分ポットに、ひとりのときには直接マグカップに入れて、沸騰したお湯を注いで濃い目に出すのがこの国流。国外へ出かけるときには、ジッパーつきポリ袋に小分けしたマイ・ティーバッグを持参する人も。牛乳をたっぷり注いで飲むのが好まれますが、先に牛乳を入れることにこだわる人がいるのは、陶器の品質が悪かった時代からの習慣だそう。熱い紅茶でカップが割れるのを防ぐための工夫でしたが、その方が紅茶のうまみが引き出されることが近年科学的に実証されました。暮らしの知恵が、実はおいしさの秘訣だったのですね。

※1人当たりの年間消費量2.19kg、トルコに次いで世界2位（2016年）。

隠し味はウイスキーとの噂のお菓子　　no.158

　イギリス菓子として知られるスティッキー・トフィー・プディングですが、アイルランドでもレストランのデザートの定番。キャラメルソースのかかった甘くてやわらかい蒸し焼き菓子で、湯気が上がるほど熱々で出されます。そのおいしさに定評があるのが、北アイルランドの奇岩の名所ジャイアンツ・コーズウェイ（P.196）にほど近い17世紀創業の老舗ホテル＆レストラン、ブッシュミルズ・イン。これを食べたいがために立ち寄る人もいるほどで、スポンジのやわらかさに上品な甘さのソースがからみ合い、ほかにはない深い味わいが。ひと口食べると誰もが目を丸くし、感嘆のうなり声をあげるのです。ブッシュミルズは世界最古のウイスキー蒸留所のある町。噂によると、そのウイスキーが隠し味としてこっそり使われているとか。秘伝のレシピは未公開なので、ご自身の舌でぜひお試しあれ。

空の旅の強い味方ライアンエアー　　no.159

　北海道ほどの国土しかないこの国の人にとって、近隣のヨーロッパ諸国へ行くのは国内旅行も同然。とはいえ、海を越えて気軽にホリデーに出かけることができるようになったのは、90年代の欧州航空業界の規制緩和と、低コストビジネスモデルで成功したLCC（格安航空会社）のライアンエアーによるところが大きいでしょう。1984年、南東部の地方空港からロンドン・ガトウィック空港への近距離飛行ではじまった小さなエアラインは、今や欧州最大の路線数を誇る航空会社に。定期国際旅客数で世界いちになるなど、各国のLCCのビジネスモデルとされています。かつては顧客サービスの悪さでしばしば批判されましたが、近年ファミリーフレンドリーにイメージ転換。フラッグキャリアのエアリンガスが国花のシャムロックをシンボルとするのに対し、国章のハープを尾翼に掲げて今日も空へ飛び立ちます。

憧れのナルニア国はここにあり　　no.160

　子どもの頃に夢中で読みふけった『ナルニア国物語』の作者C.S.ルイスがアイルランド島出身と知った時には、ついに魔法の国にたどり着いたような気持ちになったものです。大学教授だったルイスが執筆した唯一の子ども向け小説、全7巻からなる架空の国ナルニア年代記の多くのシーンは、生まれ故郷北アイルランドのベルファスト近郊にあるモーン山脈や、幼い頃に休暇を過ごしたコーズウェイ海岸にインスピレーションを得ています。ベルファスト市内にはルイスゆかりの地のほか、物語のキャラクターが銅像となって迎えてくれる広場も。衣装だんすの扉を開けてナルニア国へ迷い込んだルーシーたち4人きょうだい、ライオンのアスラン、半人半獣のタムナスさん、勇敢なねずみのリープチープたちが活躍したナルニア・ワールドは、「うちがわは、そとがわよりも大きいものですよ」とのタムナスさんの金言どおり、すぐ近くにありました。

Photo：©Bernie Brown／Tourism Ireland

Samhain

サウィン

10月31日～1月31日

ハロウィーンはケルトの年越し祭 no.161

　秋も深まる頃になると、民家の戸口や庭先にお化け、ガイコツ、タランチュラ……といったおどろおどろしい飾りが目につくようになり、ダブリンの下町では夜な夜な花火や爆竹が。いったい何ごとかと思いきや、これらは10月31日のハロウィーンに向けた準備。ケルト暦では11月1日が新年で、その日をSamhain（サウィン）と呼びます。実はハロウィーンはその前夜祭として行われた古代ケルトの年越し祭が起源で、移民したアイルランド人が世界に広めた習慣なのです。新しい年へと移り変わるその夜は時間と空間の境目があいまいになり、死者の霊や魔女、妖精があらわれるとされます。人々は恐ろしい仮面をつけ、たき火をして悪霊をよけ、来る新年と長い冬に備えました。現代のハロウィーンの怖い飾りや仮装、花火やカボチャのランタンはその名残で、新年を無事に迎えるための魔よけ、厄よけだったのですね。

カボチャではなくカブだったんです　　no.162

　ハロウィーンにはカボチャをくり抜いてランタンを作るのがお決まりですが、カボチャはもともとこの国にはなかったので、伝統的には地野菜である大きなカブが使われました。ハロウィーンは古代ケルトの年越し祭が起源。人々は祝祭の夜にたき火の傍らでカブをくり抜き、残り火を入れて持ち帰りました。海を渡ったこの国の人たちが移民先のアメリカ大陸でその習慣を続けようとした時、カブがなかったのでカボチャで代用。色鮮やかでカブより若干やわらかく、くり抜きやすいからでしょうか、それが主流になりました。カブのランタンは、本国アイルランドでも忘れ去られていました。ところが近年、国立博物館に古いものが保管されていることが知られると、伝統にのっとり固いカブを頑張ってくり抜く人もちらほら。近い将来、オリジナルのカブのランタンがトレンドになる日がくるかもしれません！

指輪かコインが出ますように！　　no.163

　ハロウィーンの夜に食べる、レーズン入りのバーンブラック、略してブラックと呼ばれる伝統的なパンがあります。かつては、このパンにサプライズの小さな品々を入れこみ、家族で占いゲームをするのが習わしでした。切り分けたスライスから、指輪が出たら1年以内に結婚する、コインが出たらお金持ちになれる、豆が出たらこの先1年は結婚できない、木切れが出たら結婚生活がうまくいかない、布切れが出たら貧乏になる、とされ、なんだか凶の方が多いおみくじのような、ちょっぴり怖い占いゲーム。現在の市販のものには指輪のみか、何も入っていないので安心ですが、コインが出てラッキー、豆が出てがっくり、と家族でワイワイ過ごした夜はさぞかしおもしろかったことでしょうね。今では切っても何も出ないブラックを食べながら、古きよき時代に思いを馳せるのでした。

トリックオアトリートは逆輸入？　　no.164

　10月31日のハロウィーンの夜の子どもたちのお楽しみは、仮装して家々をまわりお菓子をねだる「トリックオアトリート！（お菓子をくれないといたずらしちゃうぞ！）」。日が暮れると、バケツや袋を手にした小さなお化けやゾンビ、魔女、モンスター、ガイコツ……が家々の扉をノックしにやってきます。駄菓子やナッツなどを用意して小さなお客様の来訪に備えますが、近ごろは防犯上の理由から扉を開けない家も。外灯をつけて窓辺や戸口にハロウィーンにちなむ飾りをしておくと、「訪ねていいですよ」というサインになります。

　ハロウィーンはアイルランド起源（P.180）ですが、子どもの仮装や「トリックオアトリート」の習慣はこちらでは比較的新しく、実はアメリカではじまり逆輸入されたもの。アイルランド人もどうやら、『E.T.』※を見て知ったようです！

※1982年公開のアメリカ映画。劇中にハロウィーンの仮装シーンがある。
日本ではこの映画を機にハロウィーンが知られるように。

子だくさんから少子化、多国籍化へ　　no.165

　この国の平均年齢は、日本を約10歳下回る38.3歳※。EU平均の44.5歳と比べてもぐんと低く、2024年には37歳の首相も誕生。子どもが目に見えて多く、エネルギッシュでリベラルな国のありようを見せています。一方で、少子化の波がじわじわと迫るのも現実です。70〜80年代生まれの私の友人知人は4〜5人きょうだいが普通ですが、近年出生率は著しく低下し、2009年の2.08人から2022年には1.54人にまで激減。生徒数が減少した小学校に難民の子どもたちが入学し、廃校の危機をまぬがれたなんてニュースを聞くと、今どきだなあと感じてしまいます。IT企業や建築現場には諸外国からの若い労働力があふれ、今やこの国で生まれる5人に1人が外国籍という時代。初の少子化、初の多国籍化コミュニティで育つ今の子どもたちは、どんな新しい未来図を描いてくれるでしょうか。

※日本は49.5歳（いずれも2023年）。

マイホーム志向は歴史への逆襲?

no.166

「バスルームを改装したの」「煙突掃除屋のおすすめは?」「自動草刈り機を買ったんだ」……など、「家」の話題がとかく多いこの国の人たち。独り立ちしたらローンを組んで持ち家を、と地に足をつけることをまず考えるのは、イギリスの支配下で土地所有を禁じられ、小作人として辛酸をなめた先祖から受け継いだ土地への思いが根底にあるためでしょうか。持ち家率は70%（2021年）[※]と現在はEUの平均値をわずかに上回る程度ですが、90年代初頭のピーク時には80%でした。近年の物価高や住宅危機により、実家暮らし、賃貸暮らしを長く強いられる若者が増えているとはいえ、マイホームへの執着は依然として強いものがあります。ペンキ塗りや庭の柵作りなどDIYを器用にこなし、古い家を改築しながら「家」を整えることが、この国の人たちの大いなる喜びなのでした。

※イギリスは63%、日本は約60%。

たくましく生きる日本出身のシーカ no.167

　野生動物の種類が少ないアイルランドですが、鹿は多く、3種類います。5000年前からこの島に生息するアカジカ、12世紀にイギリスよりもたらされたダマジカ、そして体の小さいシーカ（Sika）。シーカってもしかして日本語のシカ？ と思った方はご名答、ニホンジカです。1860年、世界各地の珍しい動物を集めることを趣味としていたパワーズコート卿が、オス1頭メス3頭を日本から輸入し、ウィックロウ県の領地で育てたのがはじまり。湿度の高いアイルランド島の気候に順応し、やがて柵を飛び出して野生化。土着のアカジカと交配して、原産種減少の問題を起こすまでに繁殖しました。困った侵入者ですが、日本を離れ異国の地でたくましく生きのびる彼らに心寄せたくなるのは私も異邦人だからでしょうか？ 南西部ケリー県の森では、交配種ではない純粋なアカジカとシーカを今も見ることができます。

Photo: ©Sonder Visuals/Fáilte Ireland

学業を休んで視野を広げる1年間   no.168

　アイルランドの教育制度には、トランジッション・イヤー（通称TY）と呼ばれるユニークな1年間があります。小学校6年と、中高一貫校の前半3年の義務教育終了後に受講できる任意のプログラムで、いわば学業の中休み。体験学習を通して視野を広げ、将来を考えるチャンスが与えられています。ライフスキルを身につけることなどを目的に組まれたプログラムには、ボランティア参加や海外留学、スポーツ、芸術、料理、学外での各種コンテスト参加などが含まれ、職業体験もそのひとつ。TY期間に起業したビジネスが大当たりしたとか、書いた小説がベストセラーになった例も。1年も学業を休んでしまって大丈夫？　との心配は杞憂で、TY受講生は、高校卒業時に受験する国家試験の成績が高いことがわかっています。この国では、人生の中休みがプラスに働くことを、早いうちから教えられて育つのでした。

Photo: Danita Delimont

女性初の大臣は貧しき伯爵夫人　　no.169

　世界初の女性閣僚の一人がアイルランドで誕生したことをご存知でしょうか。スライゴ県の地主の娘として育ち、ポーランド人貴族と結婚して伯爵夫人とも呼ばれたコンスタンス・マルキエヴィッチです。裕福な貴族だったにもかかわらず独立運動に身を投じ、支配国イギリスに市民軍が反乱の狼煙をあげた1916年のイースター蜂起に銃を手に参加。捕らえられて死刑宣告を受けるも女性だったが故に恩赦となり、「私を撃つだけの礼儀もないとは！」と誇りをもって言い放ったとか。1918年、イギリス議会に当選するも反英を貫き棄権し、翌年に編成されたアイルランド初の議会で労働大臣に任命されました。全財産を寄付して貧しい人々の中で生涯を終えた伯爵夫人の名は、尊敬とともに各地の通りや施設に刻まれています。

ニコラス・モスで田園を食卓に　　no.170

　カントリーサイドのぬくもりが伝わる陶器のテーブルウェア、Nicolas Mosse(ニコラス モス)は、この国の人たちのお気に入り。イギリスや日本で修業を積んだ陶芸家のニックことニコラス・モスさんが1976年に開いたショップ&カフェを備えた工房は、南東部ノア川のほとりの創業時から変わることのない豊かな田園地帯にあります。

　18世紀にさかのぼるスポンジ・ワークの伝統技法で絵づけされるデザインは、ニックの妻スーザンによるもの。今や60パターンを超える野の花や動物などをモチーフとしたメルヘンタッチな絵柄は、二人の人柄がにじみ出たかのようなやさしさあふれるものばかりです。毎年新しいパターンが追加されるのも楽しく、ひとつずつ買い足したり、プレゼントにもらったりと思い出が積み重なります。暮らしを大切にする人たちに好まれる、アイルランドらしさいっぱいのハンドクラフトといえましょう。

冬でも緑のエメラルドの島 no.171

　古くから「Emerald Isle（エメラルドの島）」のニックネームで知られてきたアイルランド。樺太北部とほぼ同じ北緯51〜55度に位置し、国名がアイ「ス」ランドに似ているせいか、雪や氷に閉ざされた極寒の北の島？　と思われがちですが、大西洋の反対側から流れてくる暖流、メキシコ湾流のおかげで、たとえ真冬でも緯度通りの寒さにはなることはありません。真冬でも平均気温は5℃前後、平地に雪が積もることはめったになく、日本の寒冷地より寒さはずっとマイルド。国土の50％を占める牧草地は冬枯れすることなく、適度な雨にうるおされ、季節により彩度を変えながら一年中緑の色を保ちます。「Forty Shades of Green（40色のグリーン）」ともいわれるアイルランドの大地の色グリーンが、この国のナショナル・カラーであることはいうまでもありませんね！

その愛らしさがたまらない　　no.172

　直径2cmほどの丸いあめ玉のような赤い実が、つやのある常緑の巨木にびっしりとぶら下がる姿を目にしたとき、なんて愛らしいんでしょうと胸がときめきました。実がいちごに似ていることから、その名もズバリ、イチゴノキ（Strawberry Tree）。通常は地中海周辺などの温暖なエリアに育つ木ですが、高緯度ながらも冬が穏やかなこの島の独特な気象条件のもとで、何千年も前から自生していたといわれています。16世紀以降は数が減り、今では野生の木はごく限られた地域に残るのみですが、南西部ケリー県のキラーニー国立公園には古代からの森が残されています。実が赤く熟すのは11月半ば頃。熟すのに1年かかるため、12月頃には小さな白い花と実を同時に見ることができます。実は食べられるものの、いちごのようにおいしくはないので、見るだけに留めておくのがよさそうですね。

数億年の地球の営みを感じる　　no.173

　ダブリンの北30～50km圏内の海岸沿いには、太古の昔に地球上でくり返された古大陸の衝突跡が見てとれるスポットがいくつかあります。ラウス県クロハーヘッドには、今から4億2000万年前という途方もない大昔にふたつの大陸が衝突してできたイアペトス縫合線と呼ばれるつなぎ目があらわに。さらにダブリン北郊外のロックシニィ・ビーチには、3億2000万年前、現在のイベリア半島のもとになった大陸が衝突した時にできた美しい岩の褶曲（写真）も見られます。石灰岩と頁岩が織り成す斜めやジグザグの帯に近づけるのは干潮時のみ。波の音をBGMに、プレートテクトニクス※の証として世界の地質学者の関心と称賛を集めるビーチを歩けば、数億年前の地球の営みに畏敬の念がこみ上げてきます。ふと岩に目をやれば、アンモナイトが見つかるかも！

※地球の表面はプレートと呼ばれるいくつもの部分に分かれていて、
　それぞれが独立して運動することでさまざまな地質現象が起こると考える、地球科学の理論。

紅茶の国のにわかコーヒー通　　no.174

　長きにわたり、紅茶の国 (P.175) として知られてきたアイルランド。統計によると1人当たり1日約3杯飲んでいることになるのですが、赤ちゃんなどまったく飲まない人も含まれているので、多くの人がそれ以上の量を飲んでいることに。ところが近年、街には自家焙煎やバリスタが淹れるコーヒーを売りにしたカフェがあふれ、2000年代初頭まではインスタントコーヒーしか知らなかった人たちが、今やコーヒーについてウンチクを語るまでに。外で紅茶を飲んでいる人はあまり見かけません。では、この統計の数字の真偽は？ 急速なコーヒー文化の普及に更新が追いついていないこともあるでしょうが、実は家庭では相変わらず紅茶が飲まれているのです。紅茶は自己流の淹れ方、飲み方で好きなタイミングで飲みたい。外出時にはそれができないので、にわかコーヒー通となる人が多いのが実情といえましょう。

消えた古代の森を取り戻そう　　　　no.175

　古代からの開墾とイギリス植民地時代の森林伐採により、森が消えたアイルランド島。数千年前には国土の8割を占めていたという森林は、20世紀初頭、イギリスから独立した時にはたったの1％しか残されていませんでした。独立から約100年、国をあげての植林プロジェクトにより、現在12％まで回復しましたが、EUの平均である38％には到底及ばず。植林木の多くがシトカトウヒなど外来種の常緑針葉樹であることも問題視されています。材木として価値のある針葉樹ばかりを植え続けた結果、環境や景観に悪影響が及んだことが指摘され、近年は、在来の落葉広葉樹も植えられるようになってきました。この島原産のオーク、トネリコ、ハシバミ、カバノキ、ナナカマド……といった木々からなる、落ち葉を踏み分けて歩けるような森。そんなアイルランド古来の豊かな森を、次世代のために増やす取り組みが進められています。

島民の思いが編み込まれたセーター　　no.176

　その昔、大西洋に浮かぶアラン諸島（P.83）で人々が手作りしていたハンドニットが、時を経てアランセーターとして世界に知られるようになるとは誰が予想したでしょう。素朴な暮らしが営まれていた漁師の島で、島民の豊かな感性が生み出した数々の「アラン模様」は、豊かさを願う「蜂の巣」、一族繁栄のシンボル「生命の木」、豊漁や土地の繁栄を表す「ダイヤモンド」など、暮らしにまつわる願いや思いが込められたものばかり。フィッシャーマンセーターと紹介されることもありますが、実は浮き彫りのような模様が網や針に引っかかるので漁には不向き。白い生成りの模様がぎっしり編み込まれたセーターは、キリスト教の通過儀礼である堅信礼に臨む息子のために島のお母さんたちが丹精込めて編んだものでした。近年、熟練の編み手の減少がささやかれますが、伝統のパターンは機械の手も借りながら継承されています。

巨人伝説が息づく奇岩の名所 no.177

　北アイルランドきっての奇岩の名所ジャイアンツ・コーズウェイは、伝説の巨人フィン・マックールゆかりの地。「巨人の土手道」を意味する地名は、対岸スコットランドのスタッファ島の巨人ベンドナーとの対決の際に、フィンが海中に築いた土手道に由来しています。果たし合い前夜に怖気づいてしまったフィンですが、賢い妻ウナの手引きにより赤ん坊になりすまし、「赤ん坊がこんなに大きいなら、父親フィンはとてつもなく大きいだろう。勝ち目なし」とベンドナーを誤解させて追い払うことに成功。フィンが追ってこないよう、ベンドナーは海中の土手道を壊しながら逃げ帰ったので、両島の沿岸部にのみ、その名残が残ることになったそうです。

　地質学的には6000万年前の激しい火山活動により形成された柱状節理。溶岩が冷えて固まる際に収縮することで六角形の柱状になる規則的な割れ目のことです。その後、1万年前の氷河の移動により地表が削られ、現在のような景観となりました。座ると願いごとが叶う椅子、煙突、パイプオルガンなどユニークなニックネームで呼ばれる奇岩も。4万本の石柱群が海岸線を埋め尽くす光景は、巨人の仕業さながらのダイナミックな不思議さに満ちています。

北アイルランド和平をリンクで紡ぐ　　no.178

　雪や氷に無縁でウィンタースポーツ不毛のアイルランド島に、驚くなかれ、アイスホッケーのプロチームがあるんです。その名もベルファースト・ジャイアンツ、拠点とする北アイルランドの首都ベルファーストと、土地の巨人（ジャイアント）伝説（P.196）に由来しています。創立が1997年とUKの伝統あるチームと比べて新しいのは、宗派の違いが差別を生み、暴力による分断を引き起こした北アイルランド紛争（P.157）の終結に向けて発足したから。和平樹立後のベルファースト市民が宗派やアイデンティティーの壁を越えてともに応援できるようにと、歴史を受け継がない、元来この島でおこなわれてこなかったアイスホッケーがあえて導入されました。その試みは成功し、今やUKエリートリーグのトップを連覇する強豪チームに成長し、ベルファースト市民の誇りとなっています。

ストームはAから順にやってくる　　no.179

　地震や台風といった災害にはほぼ無縁の島ですが、冬場を中心にストームと呼ばれる台風級の風雨が吹き荒れることが。倒木や高波で人災に及ぶこともあり、人々の注意をより促すため、2015年よりアイルランド、イギリスの気象庁合同で、両国に多い男女の名をアルファベット順につけて呼ぶことにしました。記念すべき最初のストーム名は「Abigail（アビゲイル）」で、強風を意味する「ゲール」にかけた、「ア・ビッグ・ゲール（A Big Gale）」というダジャレだったことは今も語り草に。最初のストームがいつ来るのか、何回来るのかは年によりまちまちですが、2023〜24年は回数が多く、9月に襲来したアグネスを皮切りに、バベット、キアラン……と続く間にフランス人女性も2人加わり、4月のカトリン、さらに8月のリリアンまで計14回も！　家にこもり、暖炉の前で過ごす日がいつもより多い一年でした。

無敵のおいしさ魚介のチャウダー　　no.180

　この国のレストランで何をオーダーするのがいいか迷ったら、ぜひシーフード・チャウダーを。サーモンや白身魚、ムール貝など海の幸に、じゃがいもやセロリを加えた具だくさんの「食べる」スープ。どこで食べてもハズレのない、間違いなしの一品です。都会のしゃれたレストランより、田舎の、願わくば海に近い店で、素朴なブラウンソーダブレッド (P.94) を添えて食べるのがいちばん。きっと漁師飯から生まれたのでしょう、気取りのない庶民の料理です。
　煮込む時に加える牛乳やクリームは田舎で作られるほどにその分量が多く、よりミルキーな味わいとなる傾向があります。昔は農村地域の水の衛生状態が悪く、肉や魚、野菜を牛乳で煮込んでいたため、その名残がチャウダーにもあるようです。そんな話をしていたら、とろ〜りミルキーな熱々のチャウダーをすぐにでも食べて、ほっこりあたたまりたくなってきました。

ウルフランドと呼ばれた島

no.181

　オオカミがアイルランドで最後に目撃されたのは1786年。かつてアイルランド島はWolfland(ウルフランド)と呼ばれ、中世には1000頭を超える野生のオオカミがいたとされます。古代ケルトの民は人間とオオカミは同等と考え、森に棲む恐ろしい生きものとして恐れると同時に、畏敬の念を抱いていました。姿を消したのは森の減少もさることながら、征服者によるすさまじいオオカミ狩りのせい。1600年代半ば、イギリスで清教徒革命を成功させたオリバー・クロムウェルがこの島を征服すると、カトリック教徒ばかりかオオカミも迫害され、ほんの100年余りでいなくなってしまったのです。

　2019年、絶滅危惧種の保護や繁殖に熱心なダブリン動物園が、かつてこの島にいたグレイウルフを再導入。神話や『ケルズの書』(P.50)に描かれた森の王者の、約230年ぶりのウルフランドへの帰還となりました。

文学の国の今をときめく現代小説　　no.182

文学史に名を刻んだ文豪のみならず、現役作家も活きがいい！
おすすめの最新ベストセラー小説5選をご紹介。

●『星のせいにして／The Pull of the Stars』　エマ・ドナヒュー作
1918年のスペイン風邪によるパンデミック禍のダブリンが舞台。

●『ほんのささやかなこと／Small Things Like These』
クレア・キーガン作
小さな町で、女子修道院の秘密を知ってしまった男性の物語。映画化もされ話題に。

●『ノーマル・ピープル／Normal People』　サリー・ルーニー作
ミレニアル世代の作家が描く、若い二人の恋と自分探し。ドラマ化され社会現象に。

●『Long Island』　コラム・トビーン作（日本語未訳）
小説・映画『ブルックリン』の続編。20年後、訳アリで里帰りした主人公は……。

●『The Well of Saint Nobody』　ニール・ジョーダン作（日本語未訳）
病により演奏をあきらめたピアニストに、アイルランドの田舎で魔法が起こる！

路傍の羊にお気をつけあれ　　no.183

　冬場に田舎道を車で走る時は、道路に出てくる羊に注意。雨がちで、どんよりした日が多くなるこの時期、彼らがさかんに路上に出てくるのは、草の上よりあたたかいアスファルトで暖を取るためなのだとか。この路傍の羊は、牧草地にこれといった垣根のないゴールウェイ県コネマラ地方やメイヨー県で顕著で、車道を平然と歩き、道の真ん中にペタリと座り込んでいることも。ぬくぬくと気持ちよくお休みのところ申し訳ありませんが、薄曇りにすっかりカモフラージュされて、人間ドライバーの視界に入りにくいんですよ、羊さん！　……と思わず叫びたくなるものの、羊は元来、動くものに反応する性質があるので（牧羊犬が羊を追い立てるのはこの性質によります）、近づくとやんわり立ち上がり道をあけてくれます。そのマイペースな動きに思わず笑みがもれ、ヒヤヒヤさせられつつも憎めないんですよね。

古きよき時代のハネムーンのメッカ　　no.184

　山と湖の組み合わせは日本の景勝地にはおなじみですが、数少ない山の多くが海沿いにそびえるこの国では、湖越しに山脈を臨む南西部キラーニーの景観はとてもエキゾチック。島内最高峰（1041m）を含むマクギリカディー連峰とキラーニー湖群は古くから景勝地として知られ、19世紀半ばの鉄道の開通と英ビクトリア女王の訪問により、海の向こうでもその美しさが知られるように。古きよき時代のハネムーンのメッカとして、不朽の名作『ジェーン・エア』の作者シャーロット・ブロンテ夫妻（P.52）が訪れ、『赤毛のアン』の作者モンゴメリ夫妻もはるばるカナダからこの地を目指しました[※]。アイルランド人にハネムーンが一般化した1950〜70年代にはブーム絶頂期に。この山と湖には、今や熟年カップルとなったかつての新婚さんのロマンチックな思い出がたっぷりつまっているのでした。

※1911年の鉄道ストライキにより実現せず。

海藻風呂につかる驚きの健康法　　no.185

　大西洋岸に古くから伝わる、沸かした海水に採れたての海藻を浸してつかるユニークな入浴法、シーウィード・バス（海藻風呂）が再注目されています。リウマチの治療や、海で働く人たちの身体の疲れを癒す民間療法として親しまれてきました。再ブームの火つけ役となったのはスライゴ県の海辺の町ストランドヒルにあるVoya。2000年、全盛期には9つの施設があった地に、30年ぶりに復活した施設で、世界初の海藻を使ったオーガニックコスメを開発したことでも知られます。ここでの復活を皮切りに、ほかの地域でも施設の整備や再建が進み、今では都市部のホテルのスパでも体験できるところが増えています。海藻に含まれるミネラルやビタミンの効果で、入浴後のお肌はつるつる、身体はポカポカに。厳しい気候を生き抜いてきた人々の知恵がつまった、大西洋の恵みを体感できる健康法です。

クリスマス・ツリーの森へ　　no.186

　クリスマスが近づくと、何はさておきクリスマス・ツリーの準備。ガーデンセンターや仮設の露店に生のモミの木が並び、トランクから大きな木をはみ出させて走る車をさかんに目にするようになります。アイルランドは欧州有数のクリスマス・ツリーの産地で、限られた森（P.194）の多くがクリスマス・ツリーの森。冬の寒さがマイルドなこの国ではヨーロッパ大陸に比べ木が育つのが早いといわれますが、それでも一本の木が2mほどの大きなツリーになるには約10年かかるそう。毎年60万本以上の生木が切り出され、1/3が国内販売、残りは近隣諸国へ輸出されます。役目を終えたツリーは、所定の場所にて無料で引き取られリサイクルへ。
　ところで、モミの木の多い野山をハイキングしていると、飾りつけられた野生のクリスマス・ツリーに出くわすことがあります。アイルランド人らしいユーモアで、これならリサイクルいらずですね。

クリスマスプディングはマムの味 no.187

　友人のお母さん、アンは、クリスマスプディング作りの達人です。プディングとはいってもケーキに近く、ウイスキーやラム酒に浸したドライフルーツがたっぷり入った、濃厚で芳醇なスパイスが香る蒸し菓子。別名プラムプディングともいい、クリスマスに向けて各家庭で準備されます。11月の最終日曜日は「Stir-up Sunday（かき混ぜの日曜日）」と呼ばれるプディング作りの日で、家族がそれぞれ願いごとを唱えながら素手でひと混ぜするのが習わし。熟成されて味がしみたプディングは、クリスマス当日にあたためて切り分け、ブランデーバター・ソースでいただきます。毎年たくさん作って親戚縁者にプレゼントする中に、いつの頃からか私も加えてもらえるようになりました。アイリッシュ・マム手作りの絶品プディング、今年も楽しみでなりません！

お城のガーデンで猫探し

no.188

　北アイルランドの首都ベルファーストの街を見下ろす岩山ケイヴヒルの中腹に、19世紀後半に建てられたロマンチックな貴族の館、ベルファースト・キャッスルがあります。見晴らしがよく、結婚式場としても人気のスポットですが、楽しいのは「猫のガーデン」。屋敷には昔から白猫がいて、猫がいる限り城は守られ、訪れる人に幸福をもたらすとの言い伝えが。それにちなみ、彫刻、モザイク、花壇の植木など、さまざまな姿をした9つの猫のモチーフが庭にちりばめられていて、すべて見つけたらラッキー！　探すのが難しいのが、とある場所に刻まれたT.S.エリオットによるミュージカル『キャッツ』の原案にもなった猫詩集からの有名な一節。「猫に真の友とみなされるには、クリームの一皿を差し出して敬意を示すべし」との英文が、猫の絵とともに小さく刻まれていますので、お見逃しなく。

アイリッシュ・コーヒー誕生秘話　　　no.189

　1943年の冬の夜、西部リマリック近郊にあったフォインズ空港に、悪天候で遅れて旅客機が到着。疲れ切った乗客を元気づけようと、空港レストランのシェフ、ジョー・シェリダンがサービスしたコーヒーは、砂糖とウイスキーを入れクリームをのせたものでした。そうとは知らないアメリカ人客が、(当時おいしいコーヒーはブラジル産だったことから)「これはブラジリアン・コーヒーですか?」と尋ねると、ジョーが「いえいえ、アイリッシュ・コーヒーですよ」と答えたといわれています。その後、ウイスキー入りのコーヒーカクテルとしてアメリカで大流行し、クリームを上手く浮かせることができなかったバーテンダーが海を越えてジョーに教えを乞いに来たことも(コーヒーの表面に当てたスプーンを伝わせると簡単!)。家族や客人が集う特別な夜に家庭で作ることもあり、取っ手つきの専用グラスも素敵です。

幸せのお菓子ミンスパイ

no.190

　昔は12日間続いたクリスマスの祝祭。伝統菓子のミンスパイを毎日ひとつずつ、計12個食べると新年の幸せが約束されたそう。現代のアイルランド人はクリスマス前から食べはじめ、12個どころかそれ以上お腹に入れる人も多いかもしれません。レーズンなどをミンス（みじん切り）にしたものに、ブランデーやスパイスを加えて煮込み、ペイストリーに詰めて焼いた甘いお菓子です。蓋を星形にするのは、キリストの生誕祝いに訪れた東方の三賢者が星に導かれてやってきたことにちなんで。砂糖を入れない濃厚な生クリームを添えて、クリスマス時期の定番ドリンク、ポートワインにレモンやクローヴを入れて熱々にしたホットポートをおともにいただくと、ひとつ食べるだけでも幸せになれること間違いなしです。

年の瀬のキャッチアップ　　　　　　　　　　no.191

　クリスマスの支度をはじめるのは12月8日というのが伝統ですが、経済成長により助長されたクリスマス商戦により、近年は12月を待たずして街はクリスマス・ムードに。この時期、パブやレストランはパーティーで大にぎわい。職場の同僚、趣味のサークル、同級生グループなどが集い、日本の忘年会さながらのムードです。パーティーといった大げさなものでなくとも、友人とパブで一杯交わしながら互いの近況を尋ね合い、ハッピー・クリスマス！　と声をかけ合って別れる、そんな心あたたまるキャッチアップ（久しぶりに会うこと）が積み重なります。街はイルミネーションで輝き、パブにも華やかな装飾が。人混みにもまれながら、なじみの顔を見つけてはハグとおしゃべりをくり返すクリスマス前のひととき。たくさんの愛情や友情に包まれ、年の瀬ならではの高揚感で胸が熱くなる時です。

冬至の日の出に古代人の思いを　　no.192

　高緯度に位置するアイルランド島は夏と冬との日照時間の差が激しく、夏至の頃には昼が17時間もあるのに、冬至の頃はたったの7時間半。現代に生きる私たちでさえ鬱々としがちなこの時期、古代の人は闇を死に結びつけて恐れ、光に生きる喜びを重ねました。

　ダブリンの北西50kmほどのところにある巨石古墳ニューグレンジでは、5200年前の人々の光への切なる思いを感じることができます。冬至を境に、闇から光へ、死から再生へと生命が循環されると考えた人々は、古墳に特別な天窓をほどこし、死者を祀った玄室に朝いちばんの太陽光線を招き入れました。現在も冬至前後の5、6日間、この現象を見ることができますが、古墳内部でそれを見ることができるのは抽選に当たった人のみ。それでも古墳の周囲に大勢の人が集い、古代人に思いを重ねて日の出を祝います。

◎ニューグレンジ古墳内部は、事前予約制で通年見学可。
太陽光線の代わりに電気の光によるデモンストレーションあり。

ロビンはよいしるし？悪いしるし？ no.193

　鳥には、声はすれど姿は見せないものが多いですが、オレンジ色の胸がトレードマークのロビン（ヨーロッパコマドリ）は別。自宅の庭に、近所の公園に、森の散策時に、どこにでもあらわれるフレンドリーな小鳥です。その鳴き声は音域が広く、少しメランコリック。年間通して見られるにもかかわらず冬のイメージが強いのは、クリスマスカードのデザインに描かれることが多いせいでしょうか。キリスト教に縁の深い鳥で、伝説によればイエス生誕の際、天使にも負けない声量でよろこびの歌を歌ったとか。臨終の際にもあらわれ、十字架にかけられたイエスの額に刺さった棘を抜こうとして、返り血を浴びて胸を赤く染めたといわれています。古い言い伝えでは死にまつわる鳥とされる一方で、冬至にはじまる新しい太陽年を象徴する希望のしるしとも。どちらを信じるかは、あなた次第？

クリスマスは思いやりの時   no.194

　家族が集うこの国のクリスマス。故郷への帰省、一家だんらんのディナー、子どもたちへのプレゼントなど心あたたまるできごとの一方で、家族とうまくいっていない人や、大切な人を失ったばかりの人には孤独が募る時でもあります。街のにぎわいを横目に気持ちがふさぐという人も。華やかなイメージとは裏腹にメンタルヘルス（心の健康）のケアが叫ばれ、教会やボランティア団体がホームレスの人にディナーをふるまうなどチャリティーの手が多く差し伸べられる時でもあります。

　毎年この時期になると、この国に実家のない私を気づかって友人たちがさりげないメッセージをくれます。「予定は決まっていると思うけれど、もしひとりだったらウェルカム！」と。クリスマスには誰もひとりぼっちにしないように。みんながひとつの家族になれるように。

クリスマスの家族のだんらんは　　no.195

　クリスマス・イヴからクリスマス当日にかけての雰囲気は、日本の大みそかからお正月に似ています。普段はめったに教会へ行かない人もイヴにはミサに出かけ、クリスマスは朝寝坊して、家族でごちそうを囲んでだんらん。親からもサンタクロースからもプレゼントをもらい大よろこびする子どもたちは、お年玉を数える日本の子どもさながら。ディナーは七面鳥の丸焼きが主役で、翌日も残りをサンドイッチにするなどして食べ続けます。昔は飼育が簡単で安価なガチョウが主流で、伝統にのっとって今もそうする家もあれば、大きな鳥は持て余すので、こぢんまりしたチキンで代用する家庭も。オーブンがジュージューと音を立てるかたわらで、ほろ酔い気分の家族がワイワイ。楽しいような、なんだか平凡で退屈なような時ですが、この儀式を毎年つつがなくくり返すことが幸せのしるし。その点も、日本のお正月に似ていますね。

めったに降らない雪が降ると…… no.196

　高緯度にありながら、暖流のおかげで真冬でも氷点下になる日が少ないアイルランド島。それだけに突然の寒波にはめっぽう弱く、雪でも降ろうものなら大混乱。寒冷地に育った私にはこれで？　と思うような積雪で公共交通機関はストップし、学校も休みに。一方で、人々はめったにない雪にエキサイトし、雪だるまができるくらいの積雪になろうものなら大はしゃぎです。2010年12月の積雪時、公園の丘に大勢が集まり段ボールでそりすべりに興じたことや、2018年3月、氷点下18度を記録し「Beast from the East（東からの獣）」と呼ばれた大寒波と大雪で「北極だ！」と家にこもったことは今も話のタネに。この国の人たちの海外ホリデーといえば、南の島での日光浴が定番でしたが、近年はヨーロッパの雪山でのスキーリゾートも人気です。太陽と同じくらい、雪への憧れも強いのです。

新年のはじまりはキスと蛍の光で　　　no.197

　クリスマスは家族と家で過ごしますが、大みそかはパブで大勢の人とにぎやかに年越しするのを好むアイルランド人。この夜、町の社交の中心となるパブには生バンドが入り、深夜に近づくほどに熱気を帯びはじめます。パブの一角がダンスフロアと化し、老いも若きも踊りに興じるようになるのは23時過ぎでしょうか。やがてバンドマンのかけ声でカウントダウンがはじまり、……スリー、トゥー、ワン、ハッピーニューイヤー！　と叫び合う年明けの瞬間には、かたわらにいる人とキスを交わし、日本では『蛍の光』として知られる愛唱歌『Auld Lang Syne』の演奏がはじまるのです。両の腕を身体の前で交差させ、隣の人と手をつないで大合唱するのが習わし。今どきの若者はもうこの歌を歌わなくなったとも聞きますが、私が行く北西部の海辺のパブでは、今も変わらず新しい年はこの歌ではじまります。

希望と涙の島へ旅立った少女アニー   no.198

　1892年1月1日、ニューヨークのエリス島にオープンした移民局の門を最初にくぐったのは、アイルランド人の15歳の少女アニー・ムーアでした。アイルランドで生まれる4人に1人が貧しさ故に祖国を後にしていた時代、2人の弟を連れ、10日間の船旅を経て新天地に降り立った少女の胸のうちはどんなだったことでしょう。出航した南部コーヴの港には、故郷に思いを残すかのように振り返るアニーの像が。彼女のストーリーはアイルランド移民の象徴として語り継がれ、この国の数々のミュージシャンが歌う名曲『Isle of Hope, Isle of Tears（希望の島、涙の島）』でよく知られています。空腹の島を出て希望と自由の島へ降り立つも、その頬には涙が。故郷を胸に刻み、新しい土地で生きてゆこうとするアニーの姿は、祖国を離れて暮らすすべての人に、時代を越えて勇気を与えてくれます。

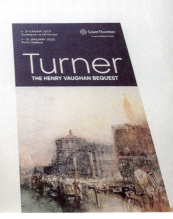

新春恒例ダブリンのターナー展 no.199

　ダブリンの美術ファンにとって、新年はターナー展とともに幕を開けます。毎年1月、ナショナル・ギャラリーにてイギリス人画家ターナー※の水彩画展が開催。自然光が弱く、絵に与えるダメージがもっとも少ない1月にのみ無料で公開することを条件に、美術収集家ヘンリー・ヴォーンにより寄贈された水彩画31点が、1か月間限定でお目見えするのです。絵画保管のためにヴォーンが特注したターナー・キャビネットも必見。現在は絵にやさしいLEDライトが使用されるため、年間通しての展示も可能ではありますが、1901年の初回展示からの寄贈者の意向を守り続けています。

　1月のダブリンはどんよりした日が多く、クリスマス明けで懐もさみしくなるとき。無料のインドア・イベントはなんともありがたく、1世紀以上の時を経たヴォーンさんの粋なプレゼントに感謝！

※19世紀イギリス・ロマン派を代表する画家（1775〜1851）。

受け継がれるドニゴールツイード　　no.200

　北西部ドニゴール県アーダラ村のエディ・ドハティさんは、15歳で機織りを覚えたというこの道六十余年の現役職人。小さな工房兼ショップには、織機をリズミカルにあやつる「エディのマジックハンド」の噂を聞きつけた人たちが世界中からやってきます。18世紀末、機械化に伴い不要となったリネン用紡ぎ車や織機が、山や谷に隔てられたこの地域の家々に無償で配布され、家内手工業として発展したツイード織り。厳しい暮らしや風土が織り込まれたかのようなずっしりした織布は、地元の軟水で仕上げることでハリのある風合いになります。今や多くの工房で機械織りが主流ですが、ドハティ家では息子さん、お孫さんも機織り修業中。時代の変化や後継者不足により、伝統工芸の衰退や老舗の閉店がささやかれる昨今、ドニゴールツイードとして名高いツイード織りの伝統と技術が今なおこうして受け継がれているのは、なんと貴重なことでしょう。

謎の石像はケルトのお地蔵さん？　no.201

　北西部ファーマナ県のボア・アイランドに、ヤヌス像と呼ばれる年代不明の謎の石像があります。Janus とはローマ神話の門や扉の神で、表裏2つの顔を持ち、はじまりと終わりなどの相反する事象の間に立つことから、英語の1月（January）の語源にも。とはいえ、この地を征服しなかったローマ人の神というのもおかしな話で、顔が両面にある以外は、古代ケルトの神々や戦士のイメージです。大きな頭はケルトの人頭信仰の表れを、うつろに見開かれた巨眼は、魔眼で敵をにらみ殺すケルト神話のバロール神を思わせます。お賽銭や花を捧げて拝んでいく人もいるお地蔵さん的存在？　保存のため町の博物館に移されそうになるたびに、土地と切り離してはならない！　と地元の人は反対するのでした。

今という刹那を生きる人生観　　no.202

　この国の人たちは、日常の些細なことや不便なこと、見た目のよし
あしをあまり気にしません。傘の骨が折れていても雨をよけられれば
OKだし、車が汚れていても安全に走ればそれでよし。髪型やファッ
ションも流行りである必要はありません。だって、おしゃれの基準は
人それぞれだから。社交が重要視されるお国柄ですが、スマートな
立ち居振る舞いや、気のきいた会話ができなくても大丈夫。社交上
手はほかにたくさんいるのですから。人々が頻繁に「Sorry（ごめん
ね）」を口にするのは、失態や失敗は人生につきもので許されること
を知っているからでしょう。過ぎたことは水に流し、「今」という時間
軸で生きているのです。

　そんな、見方によっては刹那的ともとれる生きざまは、母国語の言
語センスによく表れているようにも感じます。「私が〜」「あなたが
〜」といった主語からはじまる英語と異なり、アイルランド語の文頭に
くるのは動詞。英語のbe動詞に相当する「ある」「おる」ではじまるこ
とが多く、今ここに「存在する」ことを述べてから、何をして、誰が、
どのように「ある」「おる」のかをつけ加えていきます。まるで、時間と
存在は並列で、「今」という時に我が身を投じ、凝縮させようとしてい
るかのよう。ものごとは常に移り変わり、再生をくり返すと考えたケル
トの末裔たちの生き方は、今という刹那を感じ、味わい、積み重ねる
ことなのです。

昨日のパンは今日のデザート

no.203

　どんより寒い冬の日には、甘くてあたたかいボリュームたっぷりのブレッド・アンド・バター・プディングが恋しくなります。中世のイギリスで、前日の固くなったパンを無駄なく食べ切るために生まれたという、食エコの先駆けのようなおやつ。貧しい時代が長かったこの国でも、安価で手軽な家庭の味として親しまれてきました。バターを塗ったパンのスライスを耐熱皿に重ね、卵と砂糖、牛乳を混ぜたカスタードをかけて浸してからオーブンで蒸し焼きに。レーズンやシナモンを加え、できたて熱々にカスタードを追加するとおいしさ倍増。口に運ぶと思わず笑みがこぼれる、「コンフォート・フード（食べるとほっとするもの）」の代表格といえましょう。市販のおやつが豊富になった今では懐かしの味になりつつありますが、暖炉を囲んでの一家だんらんを連想させる幸せの味であることには今も変わりありません。

ポカポカ湯たんぽでぐっすり　　no.204

　仲のいい友人の実家へ泊まりに行くと、彼女のマムがいつもこう言います。「ベッドにホットウォーターボトルを入れておいたわよ」と。ホットウォーターボトルとは、湯たんぽのこと。極寒ではないけれど、低く垂れこめる雲と風雨のせいで薄ら寒さがつきまとうアイルランドの冬。湯たんぽは人々が愛用する国民的グッズで、沸騰させたお湯をゴム製容器の半分くらいまで入れ、空気を抜いて栓をするだけのシンプルかつ便利な暖房器具です。ボトルにつけるカバーの柄や素材のバリエーションも豊富で、冬のプレゼントの定番。子どもに人気のアニメ柄や動物モチーフ、肌触りのいいタオル地やふわふわのファー素材、ニットやツイードなど伝統クラフトのものまで、お気に入りのマイ・カバーを誰もが持っているものです。時には夏でも肌寒いことのあるこの国の、就寝時の強い味方といえましょう。

寒い夜にはウイスキーのお湯割りを　　no.205

　ウイスキーといえばスコットランドを思い浮かべる人も多いと思いますが、発祥地はこちらアイルランド。「命の水」を意味するアイルランド語の「Uisce beatha」(イシュカ バハ)が語源で、11世紀頃、修道士が香水の蒸留窯で作ったのがはじまりとされています。スモーキーなピートの香りただようスコッチや、樽由来のウッディさが特徴のバーボンと異なり、ノンピートの麦芽に大麦をミックスすることで生まれるクリーミーな舌触りがアイリッシュウイスキーの特徴。単式蒸留器(ポットスティル)で3回蒸留する伝統の製法が生み出すライトな飲み口が好まれ、食事に合わせるにも、カクテルにも適しています。寒い夜にはホットウイスキーと呼ばれるお湯割りも人気。砂糖を加えてかき混ぜ、スライスしたレモンとクローブを浮かべて。これさえあれば、風邪をひいても医者いらずといわれ、まさに「命の水」そのものなのでした。

ビーフ大国ではステーキは健康食　　no.206

　この国に暮らすようになり、肉にも魚のように旬があることを知りました。冬を越えて皮下脂肪が厚くなりやわらかさが増す春先がおいしいとか、ステーキ肉に最適なブラックアンガス牛は牝牛の2歳が食べごろだとか。産地ならではのコアな肉談議にうならされます。アイルランド人にとってのいちばんのごちそうはやはりステーキで、年間通して枯れることのないエメラルドグリーン（P.190）の牧場で育つ放牧牛のアイリッシュ・ビーフは、赤身が多くさっぱりとした味わい。穀物牛よりカロリーが低く、良質なたんぱく質、鉄、亜鉛に加え、青魚に多いオメガ3も豊富。血流をよくして代謝をあげる健康食と見なされているのです。近年EU諸国のビーフ消費は減少していますが、この国では増加傾向。1人当たりの消費量は年間19kgとポークやチキンを上回り、世界平均の約3倍というビーフ大国なのです。

ロッカーたちゆかりの煙突と防波堤へ　　no.207

　ダブリンの湾岸エリアのランドマークは、今も昔も火力発電所の煙突。1971年、アイリッシュ海を渡るのに多くの人がまだフェリーを利用していた頃に建設された、高さ207mの2本のプールベッグ煙突です。高層建築のなかった街に唯一の天を貫く建造物で、ダブリンを離れて戻ってくる人はこれを見て故郷を実感したといいます。アイルランドを代表するロックバンドU2のヒット曲『プライド』のMVに登場し、U2ファンの聖地にもなりました。近年新しい発電所ができ役目を終えましたが、市民の希望により、取り壊さず保存されています。

　発電所からのびる防波堤は、まるで海の上を歩くかのような気分にさせてくれるダブリンっ子お気に入りの散歩道。往年のロッカー、故フィル・ライノット（P.114）が名曲『オールド・タウン』のMVのラストシーンで粋に歩き去ったのも、煙突を望むこの道でした。

音楽はいつでもどこでも誰にでも　　no.208

　アイルランド人にとって音楽は暮らしの一部。はじめてこの国を訪れる人は、街に音楽があふれていることに驚くでしょう。パブからはフォークやトラッドがもれ聞こえ、ライブハウスにはロックコンサートに並ぶ若者の列が。ジャズに特化した店もあれば、クラッシックやオペラはコンサートホールで。荘厳な教会や、アート作品がずらり並ぶギャラリーが会場となることもあります。夏には野外フェスが各地で開かれ、老いも若きも大フィーバー。ジャンルや規模を問わず、いつもどこかでライブ演奏がくり広げられています。ミュージシャンもプロ、アマ問わず数多く、人が集うと誰かが楽器を取り出し、誰かが歌声を披露するのが常。パブの看板などにしばしば目にする「Craic agus Ceol（楽しみと音楽）」のアイルランド語の通り、音楽あるところには楽しみが、楽しみあるところにはいつも音楽があるのです。

美しい島を守るための決意 no.209

　丘陵や荒野、海岸沖に突如としてあらわれる巨大な風力タービン（風車）群。近年、島のいたるところで目にされるこの光景は、美しい島の環境を守るための意志の表れです。アイルランドは知る人ぞ知る再生可能エネルギーの先進地域。2000年にはたったの5％だったその割合は、現在41％※、2030年には70％を目指しています。そのほとんどが大西洋から絶え間なく吹きこむ風の力を利用した風力発電。島内に400か所を超える風力発電施設があり、天然ガスに次ぐ第2の発電源として、石油、石炭、泥炭にとって代わられています。一方で、乱立するタービンが伝統的な景観を損なうとの批判も。泥炭地への設置が地すべりを起こすなど、急速な導入による弊害も出ています。日本発の最新技術を取り入れ電力系統を安定させるなど試行錯誤を重ねながら、国をあげてのチャレンジが続けられています。

※2022年調べ。同年、日本は21％。

古くて新しい街ダブリン

no.210

　中世の教会や、18〜20世紀初頭の建造物で構成されるダブリン旧市街ですが、2000年代以降に顕著となった経済成長により、開発の波が押し寄せています。街に隣接する港湾エリアには、再開発により建造されたモダンなビルディングがひしめき合い、かつての下町はオフィス街に成り代わりました。昔ながらの店は閉店や移転を余儀なくされ、なじみの店がひとつ、またひとつと姿を消していきます。それは寂しくもありますが、街の新陳代謝をポジティブに受け入れ、変化を楽しむ度量の大きさもしっかり持ち合わせているのがダブリンっ子。若い世代が行列をなす新装オープンのカフェには、かつてそこで何代にもわたり靴屋を営んできた職人から譲り受けたという、古い靴型や中古ミシンがディスプレイされていました。変わりゆくダブリンの街ですが、過去の営みが新しい器を得て、形を変えて育まれています。

虹のふもとの幸せを探して   no.211

　降りだした雨が止まぬ間に光が差しはじめ、雨と晴れが同じ空に。そんな気まぐれな空模様（P.41）のよい点は、実にたくさんの虹がかかること。海にかかる虹、緑の大地を照らす虹、街並みから顔を出す虹、雨雲を背に浮き上がる虹。ときには日に何本も目にすることもあり、半円だったり、二重だったり、めずらしい円形だったり。この国に暮らすようになってから、いくつの虹を数えたことでしょう。

　古い伝承によると、その昔、アイルランドは妖精族が暮らす島でした。大きな人たち（人間）との戦いに敗れ、緑の大地の地下に棲み処を移すことを余儀なくされた妖精族。そんないきさつに心中穏やかでない靴屋の妖精レプラコーンは、稼いだ金貨を人間に取られやしまいかとヒヤヒヤドキドキ。壺に入れて、虹のふもとに隠すことにしました。その噂がいつしか人間界に広まり、虹のふもとを掘り当てればお金持ちになれる！　との言い伝えが生まれました。

　そんなおとぎ話が長きにわたって伝えられてきたのは、貧しい時代が長かったこの国の人たちが、空を見上げ、幾多もの虹に願いを込めてきたからでしょうか。豊かな国家となった今、人々が願うものも少しずつ変わってきました。21世紀のレプラコーンが壺に詰めるのは、心の幸せという名の、よりいっそうキラキラ輝く金貨なのかもしれません。

Imbolc インボルク 2月1日〜4月30日

no.001 早春を告げるスノードロップス ──6／**no.002** インボルクと子羊の誕生 ──7／**no.003** 古代のスーパーウーマン！ 聖ブリジッド ──8／**no.004** 春のお守り、ブリジッドの十字架 ──9／**no.005** 聖バレンタインに愛の祈りを バレンタンデー ──10／**no.006** ストーリーテリングの国のあいさつ ──12／**no.007** ラグビー観戦で心ひとつに ──13／**no.008** ここは第2のハリウッド ──14／**no.009** 国中でパンケーキを食べる日 パンケーキ・チューズデー ──15／**no.010** 春を呼ぶ聖パトリックの日パレード ──16／**no.011** 妖精サイズの国花シャムロック 聖パトリック ──17／**no.012** ソフト・パワーで外交を 移民 ──18／**no.013** 人間より牛のほうが多い島 ケルト ──19／**no.014** ブレックファーストというごちそう ──20／**no.015** 絶滅危機から復興した母国語 アイルランド語 ──21／**no.016** 聖金曜日にはホットクロスバンズを イースター、グッドフライデー ──22／**no.017** 今では貴重な茅葺き屋根の民家 ──23／**no.018** イースターの朝の甘いひととき ──24／**no.019** スプリング・ラムを召し上がれ ──25／**no.020** かつてオオカミに対抗した大型犬 アイリッシュ・ウルフハウンド ──26／**no.021** 結局廃止されていないサマータイム ──27／**no.022** 効能は実践済み？春の薬草ネトル ──28／**no.023** タイタニック号の最後の寄港地 コーヴ ──29／**no.024** どう読むの？アイルランド人の名前 アイルランド語 ──30／**no.025** 八重桜の園で春の日を過ごす ──31／**no.026** 世界初のハレルヤ・コーラスの地 ヘンデル、『メサイア』 ──32／**no.027** ダブリンの街はギネスとともにあり ──34／**no.028** ハープは右向き？左向き？ ──35／**no.029** 色とりどりのドアの街 ダブリン ジョージアンハウス ──36／**no.030** 春の野を黄色く染める花の群生 ハリエニシダ ──37／**no.031** 住民運動により誕生した国立公園 ──38／**no.032** 世界で唯一のケルト国家 ──39／**no.033** 国民食はテイトーのポテトチップス ──40／**no.034** 一日に四季ある天候がもたらすもの ──41／**no.035** 神話の時代から馬とともに コネマラポニー ──42／**no.036** トールキンも愛した石灰岩地バレン ──44／**no.037** お気に入りのウェリーズを履いて ──45／**no.038** 海水ディップで心身はつらつと ──46／**no.039** 自己探求の指針はワイルドの言葉 オスカー・ワイルド ──47／**no.040** 巨石古墳は古代のアートギャラリー ──48／**no.041** クラダリングは愛と友情のシンボル ──49／**no.042** 世界いち美しい本『ケルズの書』 ──50／**no.043** カーバリーで家庭の味を ──51／**no.044** ブロンテ姉妹のルーツはケルト ──52／**no.045** ダブリンの老舗、ビューリーズ ──53／**no.046** ギネスを飲んだら

マッチョに!? —54／**no.047** 足りない青空から生まれた大発見　ジョン・ティンダル（チンダル）—56

Bealtaine ベルティナ 5月1日〜7月31日

no.048 セイヨウシャクナゲの楽園へ —58／**no.049** ブラックバードは真夜中に歌う —59／**no.050** 緑の大地から生まれる黄金のバター —60／**no.051** 森の魔法がよみがえる時　ブルーベル —61／**no.052** ルバーブは短い旬にくり返し味わう —62／**no.053** ケルト神話の英雄クー・フーリン —63／**no.054** 郵便ポストもグリーンなんです！—64／**no.055** アイリッシュ・ブルーの瞳に憧れて —65／**no.056** ミツバチを町に呼び戻そう —66／**no.057** イエローの大地は新参者？菜の花 —67／**no.058** 花のエキスの健康ドリンクとは？　エルダーフラワー —68／**no.059** 初夏を告げるサンザシの花 —69／**no.060** 藤の花が咲く時に訪れたい村 —70／**no.061** 断崖絶壁にはこと欠かない —72／**no.062** フィッシュアンドチップスのルーツ —73／**no.063** 夏を知らせる路上のいちご売り —74／**no064** 神々にもっとも近い島　スケリッグ・マイケル —75／**no.065** 大西洋横断飛行の夜明けを偲ぶ　アルコックとブラウン —76／**no.066** ブルームズデーはカンカン帽で街へ　ジェイムズ・ジョイス —77／**no.067** 地元の誉れをかけた伝統スポーツ　ゲーリック・フットボール、ハーリング —78／**no.068** バラの育種や栽培もさかん —79／**no.069** パブは町のリビングルーム —80／**no.070** 夏の夜空はブルーに輝く —81／**no.071** 古くて新しいサイクリングロード —82／**no.072** アラン諸島の石垣の美学 —83／**no.073** 酪農国の絶品ソフトクリーム —84／**no.074** 妖精は風とともにあらわれる —85／**no.075** 真夏の夕べのたき火の儀式　聖ヨハネの日の前夜祭 —86／**no.076** 移民船からホワイトハウスへ　ジョン・F・ケネディ —87／**no.077** ケルトの神木フェアリー・ツリー　妖精 —88／**no.078** 夢見る気持ちはフェアリー・ドアに　妖精 —89／**no.079** 大作映画のキャラクターになった鳥　スター・ウォーズ、スケリッグ・マイケル —90／**no.080** 海の色は無色透明！—92／**no.081** リバーダンスの源流はここダブリン —93／**no.082** 伝統のブラウンソーダブレッド —94／**no.083** 街がレインボーカラーに染まる時　プライド月間 —95／**no.084** じゃがいもはホクホク系が好き —96／**no.085** 意外に素敵なじゃがいもの花 —97／**no.086** 長い長い夏休みの過ごし方 —98／**no.087** ケルティック・

トワイライト W.B.イェイツ ……99／**no.088** 天を突く風変わりな石の塔 ラウンドタワー ……100／**no.089** 町の書店が元気な理由 ……102／**no.090** 沈む夕日に思いを込めて ……103／**no.091** ボグは歴史と炭素の宝庫 泥炭 ……104／**no.092** フェルメールが盗まれた大豪邸 ……105／**no.093** 日々の活力は朝のポリッジから ……106／**no.094** 受け継がれる「メハル」の精神 ……107／**no.095** 古代遺跡は妖精の棲み処 ニューグレンジ古墳 ……108／**no.096** ヒートウェーブがやってきた！ ……109／**no.097** 中世の町キルケニーの「魔女の家」……110／**no.098** 「汽車に乗って」あいるらんどへ ……111／**no.099** 小人の国の迷宮さながら ビーハイヴ・ハット ……112／**no.100** アイルランド人はよく歩く ……113／**no.101** 街の魂となった伝説のロッカー フィル・ライノット ……114／**no.102** 白鳥に変えられた子どもたちのお話 リア王の子どもたち ……115／**no.103** イルカと潜水艦の意外な関係 ジョン・P・ホランド ……116／**no.104** ケルトの魔術が刻まれた石？ オガム石 ……117／**no.105** あの名作の舞台「タラ」はここから『風と共に去りぬ』……118／**no.106** まるで天然のロックガーデン バレン ……120

Lughnasa ルーナサ 8月1日〜10月30日

no.107 ヤギの王様が主役の最古の祭り パック・フェア ……122／**no.108** 伝統音楽が街にあふれかえる時 フラー・キョール ……123／**no.109** 今年の「ローズ」の栄冠は誰に？ ローズ・オヴ・トラリー国際フェスティバル ……124／**no.110** 沈黙のマリア様が出現した聖地 ……125／**no.111** 巨人の食卓？恋人たちのベッド？ ドルメン ……126／**no.112** 人生の波乗りもフレンドリーに サーフィン ……127／**no.113** 港町のパブに伝わる日本刀の話 マッカーシーズ・バー ……128／**no.114** 愛唱歌に詠われた名残のバラ『庭の千草』……129／**no.115** ハッピーバースデーは若返りの呪文 ……130／**no.116** 「魚の王様」サーモンは知恵の象徴 ケルト神話 ……131／**no.117** ヨーロッパ最西端の岬はここにあり ……132／**no.118** 「神様の涙」は深紅とパープル フクシア ……133／**no.119** 奇才の芸術家、ハリー・クラーク ……134／**no.120** 画家をメダリストにした水泳大会 リフィー・スイム ……136／**no.121** ヒースの花咲く荒野へ ……137／**no.122** 夏の血がかよった濃厚なワイン？ ブラックベリー ……138／**no.123** ロマンスの神様がいる町へ マッチメイキング・フェスティバル ……139／**no.124** 今や貴重な大西洋の天然オイスター ……140／**no.125** 夏の再来をいとおしむ9月 ……141

／**no.126** プチ登山がいざなう絶景スポット ──142／**no.127** 海賊の女王グローニャワルの末裔 グレース・オマーリー ──143／**no.128** じゃがいもに翻弄された苦難の歴史 大飢饉 ──144／**no.129** タイディ・タウンズでよりよい町に ──145／**no.130** りんごのお菓子はブラムリーで ──146／**no.131** バンバンよ、永遠なれ ──147／**no.132** 小さな国の大きな愛国心 ──148／**no.133** 民意が勝ち得た水道の無料制度 ──149／**no.134** 日愛の架け橋ラフカディオ・ハーン 小泉八雲 ──150／**no.135** 国産ワインはぶどうじゃなくベリー ──151／**no.136** アザラシの妖精セルキーの伝説 ──152／**no.137** 木々が緑でない色になれる時 ──153／**no.138** 過去から来た？アランの老人 アイルランド語 ──154／**no.139** 伝統音楽は自らの魂のために奏でる ケルト音楽 ──156／**no.140** 北アイルランド紛争という負の記憶 ──157／**no.141** りんごのお酒サイダーも人気 ──158／**no.142** ひつじのショーンのそっくりさん ──159／**no.143** キスしたら口達者になれる伝説の石 ブラーニーの石 ──160／**no.144** 紛争の町を変えたデリー・ガールズ ──161／**no.145** 野菜不足はスープで補う？ ──162／**no.146** ドラキュラの作者はダブリン生まれ ブラム・ストーカー ──163／**no.147** 豊かになった功罪をかみしめるとき ──164／**no.148** 街中に熱きエールが響き渡る日 ダブリン・マラソン ──165／**no.149** 磯が香るカラギンモス・ゼリー ──166／**no.150** 詩人イェイツが愛したベンブルベン ──167／**no.151** 「バイバイ……」と電話ボックス ──168／**no.152** ギネスを知る10のこと ──169／**no.153** 動物大好きな国ではロバもペットに ──170／**no.154** マックといえばスーパーマックス ──172／**no.155** 老船バード・エディの物語 ボノ、クラナド ──173／**no.156** 最果てのロープウェイで常若の国へ ケルト神話 ──174／**no.157** 紅茶とアイルランド人の密な関係 ──175／**no.158** 隠し味はウイスキーとの噂のお菓子 スティッキー・トフィー・プディング ──176／**no.159** 空の旅の強い味方ライアンエアー ──177／**no.160** 憧れのナルニア国はここにあり C.S.ルイス ──178

Samhain サウィン 10月31日〜1月31日

237

no.161 ハロウィーンはケルトの年越し祭 ──180／**no.162** カボチャではなくカブだったんです ハロウィーン ──181／**no.163** 指輪かコインが出ますように！ バーンブラック、ハロウィーン ──182／**no.164** トリックオアトリートは逆輸入？ ハロウィーン ──183／**no.165** 子だくさんから少子化、多国籍化へ ──184／**no.166** マイホ

ーム志向は歴史への逆襲？ ┄185／**no.167** たくましく生きる日本出身のシーカ ┄186／**no.168** 学業を休んで視野を広げる1年間 トランジッション・イヤー ┄187／**no.169** 女性初の大臣は貧しき伯爵夫人 コンスタンス・マルキエヴィッチ ┄188／**no.170** ニコラス・モスで田園を食卓に ┄189／**no.171** 冬でも緑のエメラルドの島 ┄190／**no.172** その愛らしさがたまらない イチゴノキ ┄191／**no.173** 数億年の地球の営みを感じる ┄192／**no.174** 紅茶の国のにわかコーヒー通 ┄193／**no.175** 消えた古代の森を取り戻そう ┄194／**no.176** 島民の思いが編み込まれたセーター アランニット ┄195／**no.177** 巨人伝説が息づく奇岩の名所 ジャイアンツ・コーズウェイ ┄196／**no.178** 北アイルランド和平をリンクで紡ぐ アイスホッケー ┄198／**no.179** ストームはAから順にやってくる ┄199／**no.180** 無敵のおいしさ魚介のチャウダー ┄200／**no.181** ウルフランドと呼ばれた島 オオカミ ┄201／**no.182** 文学の国の今をときめく現代小説 ┄202／**no.183** 路傍の羊にお気をつけあれ ┄203／**no.184** 古きよき時代のハネムーンのメッカ キラーニー ┄204／**no.185** 海藻風呂につかる驚きの健康法 ┄205／**no.186** クリスマス・ツリーの森へ ┄206／**no.187** クリスマスプディングはマムの味 ┄207／**no.188** お城のガーデンで猫探し ベルファースト・キャッスル ┄208／**no.189** アイリッシュ・コーヒー誕生秘話 ┄209／**no.190** 幸せのお菓子ミンスパイ クリスマス ┄210／**no.191** 年の瀬のキャッチアップ ┄211／**no.192** 冬至の日の出に古代人の思いを ニューグレンジ古墳 ┄212／**no.193** ロビンはよいしるし？悪いしるし？ ヨーロッパコマドリ ┄213／**no.194** クリスマスは思いやりの時 ┄214／**no.195** クリスマスの家族のだんらんは ┄215／**no.196** めったに降らない雪が降ると…… ┄216／**no.197** 新年のはじまりはキスと蛍の光で 大みそか ┄217／**no.198** 希望と涙の島へ旅立った少女アニー 移民 ┄218／**no.199** 新春恒例ダブリンのターナー展 ┄219／**no.200** 受け継がれるドニゴールツイード ┄220／**no.201** 謎の石像はケルトのお地蔵さん？ ┄221／**no.202** 今という刹那を生きる人生観 ┄222／**no.203** 昨日のパンは今日のデザート ブレッド・アンド・バター・プディング ┄224／**no.204** ポカポカ湯たんぽでぐっすり ┄225／**no.205** 寒い夜にはウイスキーのお湯割りを ┄226／**no.206** ビーフ大国ではステーキは健康食 ┄227／**no.207** ロッカーたちゆかりの煙突と防波堤へ U2、フィル・ライノット ┄228／**no.208** 音楽はいつでもどこでも誰にでも ┄229／**no.209** 美しい島を守るための決意 風力発電 ┄230／**no.210** 古くて新しい街ダブリン ┄231／**no.211** 虹のふもとの幸せを探して 妖精レプラコーン ┄232

CAFé
BEEF GUINNESS STEW
WITH MASHED POTATO €11.50
LASAGNE BEEF/VEG €10
WITH SALAD
Selection of Homemade Cakes
BEERS + Wines
Apple Pie & Cream
POTATO GRATIN w/SALAD
Chicken SALAD
w/ BROWN BREAD €10
SOUP OF THE DAY €4.30
WITH BROWN BREAD
Greek SALAD w/Brown Bread €8
SELECTION OF
SANDWICHES €4

山下直子
Naoko YAMASHITA

長野県上田市出身。早稲田大学第一文学部卒業後、（株）ユーラシア旅行社添乗員として世界60数か国をまわり、2000年よりアイルランド在住。アイルランド公認ナショナル・ツアーガイドとして団体から個人旅行まで全土を案内するほか、TV・雑誌のコーディネート業も行う。趣味はサーフィン、スケートマラソン、バラ栽培、子どもの頃からのライフワーク『赤毛のアン』研究。著書に『絶景とファンタジーの島 アイルランドへ 最新版』（イカロス出版）。

https://naokoguide.com
https://guidingireland.ie

文・写真　山下直子
デザイン　塚田佳奈（ME＆MIRACO）
マップ　　ZOUKOUBOU
校正　　　坪井美穂
編集　　　西村薫

季節で綴るアイルランド211
ケルトが彩る緑の島の心豊かな日々

2025年2月20日　初版第1刷発行

著　者　　山下直子
発行者　　山手章弘
発行所　　イカロス出版株式会社
　　　　　〒101-0051 東京都千代田区神田神保町1-105
　　　　　tabinohint@ikaros.jp（内容に関するお問合せ）
　　　　　sales@ikaros.co.jp（乱丁・落丁、書店・取次様からのお問合せ）
印刷・製本所　　株式会社シナノパブリッシングプレス

乱丁・落丁はお取り替えいたします。
本書の無断転載・複写は、著作権上の例外を除き、著作権侵害となります。
定価はカバーに表示してあります。
©2025 Naoko Yamashita All rights reserved.
Printed in Japan　ISBN978-4-8022-1575-6
※海外への旅行・生活は自己責任で行うべきものであり、
本書に掲載された情報を利用した結果、何らかのトラブルが生じたとしても、
著者および出版社は一切の責任を負いません。